JUMALALLISEN RAKKAUDEN VALO

Keskusteluja
Sri Mata Amritanandamayin kanssa

9. OSA

Toimittanut
Swami Amritasvarupananda

Mata Amritanandamayi Center, San Ramon
Kalifornia, Yhdysvallat

Jumalallisen Rakkauden Valo
Keskusteluja Sri Mata Amritanandamayin kanssa
9. osa

Julkaisija:
Mata Amritanandamayi Center
P.O. Box 613
San Ramon, CA 94583
Yhdysvallat

——————— *Awaken Children 9 (Finnish)* ———————

Ensimmäinen painos MA Centerin: huhtikuu 2016

Yhteystiedot Suomessa löytyvät sivuilta: www.amma.fi

Intiassa:
www.amritapuri.org
inform@amritapuri.org

Tämä kirja uhrataan nöyrästi
MATA AMRITANANDAMAYIN
lootusjalkojen juureen
joka on häikäisevä valonlähde, läsnä
kaikkien olentojen sydämessä

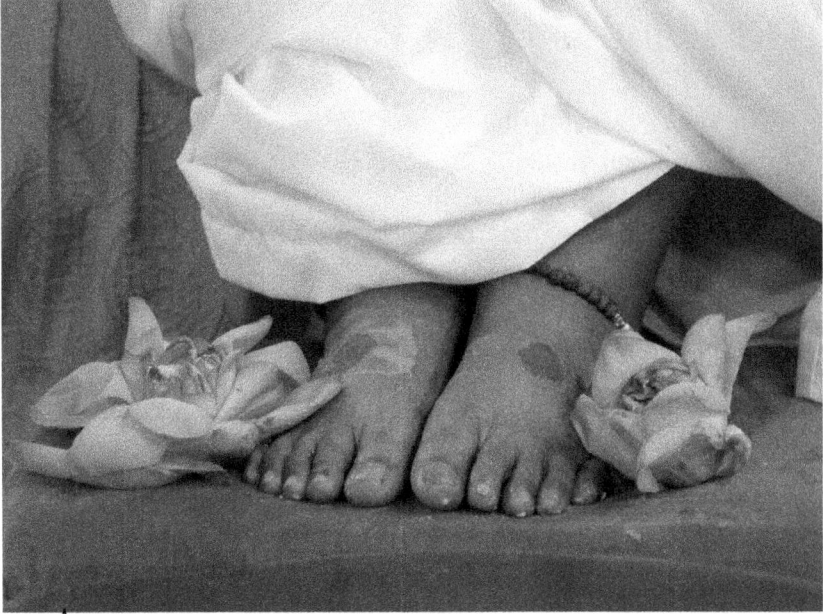

Vandeham-saccidānandam-bhāvātītam-jagatgurum |
Nityam-pūrnam-nirākāram-nirguṇam-svātmasamsthitam ||
Minä kumarran Universaalille Opettajalle, joka on sat-chid-ananda
(puhdas oleminen-tieto-absoluuttinen autuus), joka on kaikkien
eroavaisuuksien tuolla puolen, joka on ikuinen, aina täysi, ominai-
suuksia ja muotoa vailla ja aina keskittynyt Itseen.
Saptasāgaraparyantam-tīrthasnānaphalam-tu-yat |
Gurupādapayovindoḥ-sahasrāmśena-tatphalam ||
Mitä hyvänsä ansioita kerätäänkin pyhiinvaellusmatkoilla ja kyl-
pemällä seitsemään mereen laskevissa pyhissä vesissä, nuo ansiot eivät
voi olla tuhannesosaakaan siitä ansiosta, joka saadaan maistamalla
vettä, jolla Gurun jalat on pesty.

Guru-Gita, jakeet 157, 87

Sisältö

Kirjoittajan huomautus

Vaikka Äidin maailmankiertue vuonna 1987 kesti kolme kuukautta, olen jättänyt mainitsematta monia kiertueen yksityiskohtia tässä kirjassa. Olen keskittynyt pääasiassa Äidin keskusteluihin ja joihinkin tapahtumiin, joiden ajattelin kiinnostavan lukijaa eniten. Äidin kiertueen yksityiskohtaisempi kuvaus, joka sisältää hänen seu-raajiensa kokemuksia ja omia kokemuksiani, julkaistaan myöhemmin.

ॐ

Esipuhe

Vuosi 1987 merkitsi käännekohtaa Äidin elämän-tehtävässä levittää rakkautta, myötätuntoa ja rauhaa ihmiskunnalle. Hänen oli tullut aika lähteä keräämään helmaansa kaikki lapsensa, jotka odottivat häntä maailmalla. Brahmachari Nealun veli Earl Rosner ja muutamat muut Äidin amerikkalaiset seuraajat kutsuivat hänet Yhdysvaltoihin. He olivat vaalineet tätä toivetta jo pitkään, ja olivat iloisia sekä liikuttuneita, kun Äiti vihdoinkin suostui kutsuun. Päätös oli, että hän viettäisi muutamia päiviä Singaporessa, kaksi kuukautta Yhdys-valloissa ja kuukauden Euroopassa.

Joku saattaa kummastella miksi Äiti matkustaa, vaikka hänellä on kyky siunata jokainen missä päin hyvänsä tätä planeettaa. Hän matkustaa yksistään ihmiskunnan hyväksi. Aivan niin kuin kevät tuo maail-maan uuden elämän, tuoreuden ja värikkyyden, aivan niinkuin viileä sade pelastaa nääntymäisillään olevat kasvit ja puut pitkäaikaisen kuivuuden jälkeen, samalla tavoin Äidin kaltainen todellinen mestari tuo rakkautta, toivoa ja uudistumista koko ihmiskunnalle.

Äiti lähetti kaksi opetuslastaan, Br. Nealun ja Br. Amritatma Chaitanyan[1] Yhdyvaltoihin kolme kuukautta etukäteen auttamaan tulevan kiertueen valmisteluissa. Amerikkalainen nainen, Gretchen MacGregor, oli myös luvannut olla mukana järjestelyissä.

Saavuttuaan Yhdysvaltoihin tämä pieni ryhmä aloitti matkansa maan halki erään oppilaan lainaamalla pienellä, vanhalla Volkswagen-pakettiautolla, joka oli aivan ilmeisesti viimeisellä taipaleellaan. He olivat innokkaita kertomaan Äidistä ihmisille, vaikkakin heidän oli vaikea olla ilman häntä niin pitkään. Erityisesti Br. Amritatma kärsi erosta paljon.

---

[1] Saatuaan *sanjaasi*vihkimyksen joitakin vuosia myöhemin Br. Amritatma Chaitanya sai nimen Swami Amritaswarupananda ja Br. Nealu sai nimen Swami Paramatmananda. Kaikilla Äidin brahmachareilla ja brahmacharineilla, jotka ovat saapeet sanjaasivihkimyksen, on nimensä jäljessä lisänimi Puri (esimerkiksi Swami Amritaswarupananda Puri) osoittamassa sitä mihin kymmenestä koulukunnasta he kuuluvat. Muiden oppilaiden nimet, jotka saivat sanjaasivihkimyksen vuoden 1987 jälkeen, on mainittu sulkeissa.

Matkustaessaan päiväkaudet mantereen halki he pysähtyivät eri kaupungeissa pitääkseen *satsangeja* (puheita) ja tehdäkseen ennakkojärjestelyitä Äidin kiertuetta varten. Vanha pakettiauto oli heidän kotinsa useiden viikkojen ajan. Siinä he nukkuivat, valmistivat ruokansa ja tekivät päivittäiset henkiset harjoituksensa. Tämä matka oli heille syvällinen kokemus ja se auttoi heitä pitämään Äidin mielessä jatkuvasti. Se opetti heille, että Äiti on aina läsnä.

Kuin ihmeen avulla vanha pakettiauto liikkui vaivattomasti ja vaurioitta koko matkan Kaliforniasta Wisconsiin ilman pienintäkään ongelmaa. Kuitenkin heidän saavuttuaan sille alunperin määränpääksi valittuun Madisoniin, juuri sillä hetkellä auto hajosi aivan sen talon edessä, jossa heidän oli aikomus asua jonkin aikaa! Olisiko mikään muu kuin Äidin armo voinut tuoda hänen lapsensa koko tuon matkan sinne asti?

Kun matka jatkui Yhdysvalloissa, he saivat jatkuvasti kokea Äidin rakkauden ja suojelun, toisinaan hyvinkin merkillisellä tavalla. He kokivat hänen ohjaavan kätensä jokaisella askeleellaan. Hänen huolenpitonsa näkyi kaikkien tapahtumien taustalla. Mitä he kiertueella tarvitsivatkaan - vapaaehtoisia auttamaan työnteossa, taloudellista tukea tai sopivan salin, missä Äiti voisi antaa darshanin - kaikki järjestyi jotenkin viime hetkellä.

Täytyy vielä mainita, että brahmacharit olivat hämmästyneitä ja syvästi liikuttuneita yksityisten ihmisten valtavasta innostuksesta ja ystävällisyydestä. Useimmat eivät olleet vielä tavanneet Äitiä, mutta kaipasivat nähdäkseen hänet - kuten Steve ja Cathi Schmidt, Earl ja Julie Rosner, David ja Barbara Lawrence, Michael ja Mary Price, Steve ja Marilyn Fleisher, Dennis ja Bhakti Guest, Larry Richmond, Phyllis Castle, George Brunswig, Susan Cappadocia (Rajita) ja Ron Gottsegen. Heidän ante-liaisuutensa auttoi kiertueen toteuttamisessa.

Matkansa aikana he tapasivat satoja ihmisiä, joista monet liikuttuivat jo saadessaan kuulla Äidistä, tai nähdessään hänen kuvansa, tai kuunnellessaan hänen laulamiaan bhajaneita kasetilta. Ihmisistä tuntui, että he kuuluivat Äidille, vaikka he eivät olleet vielä edes tavanneet häntä. Jotkut olivat jopa nähneet unia ja näkyjä Äidistä, ennen kuin olivat kuulleetkaan hänestä. Äiti oli alkanut kutsua länsimaisia lapsia luokseen... Äiti lähti toukokuun 15. päivänä 1987 Vallic-kavusta. Ashramin väki vaipui syvään epätoivoon. Näkymä toi mieleen Krishnan lähdön Vrindavanista viisituhatta vuotta aiemmin. Muutamat brahmacharit ja brahmacharinit olivat niin kiintyneitä Äitiin, että kun he saapuivat lentokentälle hyvästelemään Äitiä, he luhistui-vat nähdessään hänen kävelevän lentoterminaaliin[2] Brahmachari, jonka oli jäätävä pitämään huolta ashra-mista, purskahti itkuun. Hänen surunsa oli niin sietämätön, että hän pyörtyi.

Vähän ennen kuin Äiti käveli lentoterminaaliin, hän kosketti yhteenliitetyin käsin otsaansa ja kumartui lastensa edessä. Kaikkien kumartaessa hänen edessään, Äiti sanoi: "Lapseni, Amma tarvitsee teidän kaikkien siunausta ja rukouksia tämän kiertueen onnistumiseksi. Amma matkustaa kaikkien itkevien sielujen hyväksi. Myös he, jotka ovat muissa maissa, ovat Amman lapsia. Amma kuulee heidän rukouksensa ja kaipuunsa. Amma matkustaa lievittääkseen heidän kärsimystään, tyynnyttääkseen heidän suruaan ja osoittaakseen heille ikuisen valon. Kuinka Amma voisi olla vastaamatta, kun hänen lapsensa kutsuvat häntä sydämensä syvyyksistä? Amma tulee pian takaisin luoksenne, mutta todellisuudessa hän ei edes poistu minnekään. Lapset, muistakaa, että Amma on aina kanssanne. Rakastakaa toinen toistanne, palvelkaa epäitsekkäästi, älkääkä unohtako tehdä henkisiä har-joituksianne."

Äiti toivoi heidän rukouksiaan ja siunaustaan vain siksi, että hän halusi antaa esimerkin nöyryydestä. *Bhagavad-Gitassa* on kirjoitettu: "Ihmisjoukot seuraavat aina suurten ihmisten noudattamaa esimerkkiä." Miksi Äiti muuten pyytäisi rukouksia, kun hänellä itsellään on valta siunata koko luomakuntaa!

Lakattuaan puhumasta Äiti seisoi hetken hiljaa. Rajattoman hellästi hän antoi katseensa viivähtää jokaisessa lapsessaan. Sitten

---

[2] Keralan lentoasemilla on vain matkustajilla oikeus mennä lentoterminaaliin.

hän kääntyi ympäri ja käveli pois. Kun Äiti katosi lasiovien taakse kaikki huusivat: "Amma, Amma!" Jotkut brahmacharit ja brahmacharinit ryntäsivät ovia vasten huutaen hänen nimeään. Kun Br. Amritatmalle kerrottiin tästä myöhemmin, hän sanoi: "Tämä todistaa, että Krishna ja gopit ovat todella olleet olemassa. Gopien rakkaus Krishnaa kohtaan ei ollut satua, vaan se oli todellisuutta. Äiti on Krishna, joka on vienyt sydämemme ja tehnyt meidät hulluiksi rakkaudesta häneen."

Toukokuun 18. päivänä 1987 Äiti saapui Yhdys-valtoihin. Hän vieraili seuraavilla paikkakunnilla: Bay Area, Santa Rosa ja Santa Cruz (18. - 26.5.), Carmel (27.5.), Seattle (28.5. - 1.6.), Berkeley (2.6.), Garberville (3.6.), Mt. Shasta (4. - 7.6.), Santa Fe ja Taos (8. - 14.6.), Boulder (15. - 18.6.), Taos (19. - 21.6.), Chicago ja Madison (22. - 29.6.), Charleston (1.7.), Pittsburgh (2.7.), Cambridge ja Boston (4. - 9.7.), New York City ja Stamford (10. - 14.7.).

Kesäkuun 15. päivänä Äiti matkusti Pariisiin, mistä hänen Euroopan kiertueensa alkoi. Hän vieraili seuraavissa paikoissa: Ranskan Dourdonissa ja Pariisissa (16. - 18.7.), Sveitsin Zurichissä (19. - 21.7.) ja Schweibenalpeilla (22. - 31.7.) ja Itävallan Grazissa ja Poltenissa (1. - 12.8.).

Tämän *Jumalallisen rakkauden valo* -kirjasarjan yhdeksännen osan välityksellä Äiti kutsuu jälleen lapsiaan. Ja hän kutsuu niin kauan kunnes vastaamme syvältä sisimmästämme. Vastauksen on tultava, koska Äidin sanat eivät ole pelkkiä sanoja, vaan ne ovat rajattoman rakkauden ilmaisuja. Ne ovat absoluuttisen totuuden kutsu, juuri sen tähden ne ennemmin tai myöhemmin tulevat koskettamaan meitä ja herättämään meissä uinuvan viattoman lapsen. Silloin Äiti, korkein mestari opastaa meidät hitaasti *mokshaan,* kaikesta orjuudesta, kivusta ja kärsimyksestä vapautumisen tilaan, rajattoman ilon, autuuden ja täyttymyksen tilaan.

Swami Amritaswarupananda
Amritapuri
huhtikuussa 1998

Yhdysvallat

San Fransisco

Äiti saapuu yhdysvaltoihin

Äiti oli juuri saapumassa. Viidenkymmenen ihmisen ryhmä oli tullut vastaanottamaan häntä San Fransiscon kansainväliselle lentokentälle. Useimmat eivät olleet koskaan aikaisemmin tavanneet Äitiä. Kun he odottelivat innokkaina nähdäkseen ensimmäisen vilauksen hänestä, TV-monitorit ilmoittivat lennon Singaporesta juuri saapuneen. Kello oli kaksikymmentä vaille neljä ilta-päivällä. Kaikkien katseet olivat kiinnittyneet oviin, joista matkustajat tulivat ulos. Ovet sulkeutuviat ja avautuivat. Vastaanottajien jännitys kasvoi kasvamistaan. Lopulta näkyi vilaus Äidistä, joka seisoi erään brahmacharinin vieressä. "Siinä hän on!" kaikki huusivat yhtäaikaa. Kun Br. Amritatma näki Äidin hänen silmänsä täyttyivät kyynelistä. Hän yritti parhaansa hillitäkseen itsensä, mutta mitä enemmän hän yritti, sitä varmemmin hän epäonnistui.

Vihdoin pitkän odotuksen jälkeen Äiti tuli vas-taanotto-aulaan sädehtivä hymy kasvoillaan ja tervehti vastaanottajia yhteenliitetyin käsin. Äidin kaulaan laitettiin kukkaseppele ja hänen tullessaan kohdalle itse kukin kumarsi kunnioituksesta hänen edessään. Nähdessään hänet monet puhkesivat kyyneliin, mutta samalla heidän kasvoilleen syttyi iloinen hymy. Pelkästään katsomalla häntä he kykenivät aistimaan hänen rajattoman myö-tätuntonsa.

Kävellessään Amritatman ohi Äiti hymyili hänelle ja katsoi häntä niin suurella rakkaudella, että tuo katse tunkeutui Amritatman sieluun täyttäen hänet ilolla ja rauhalla.

Amritatma oli erittäin iloinen nähdessään Äidin mukana saapuneet henkiset veljensä ja sisarensa. Suurella lämmöllä he syleilivät

11

toisiaan ja vaihtoivat muutamia huolehtivaisia ja rakkaudellisia sanoja tiedustellen toistensa vointia.

Brahmacharinien ja brahmacharien lisäksi Äidin mukana matkusti kolme muuta seuraajaa: ayurvedinen lääkäri Gangadharan Vaidyar ja hänen vaimonsa, sekä Herra Chandradas, joka oli kotoisin Pohjois-Keralasta. He tunsivat olevansa hyvin onnekkaita saadessaan mah-dollisuuden matkustaa Äidin mukana hänen ensim-mäisellä maailmankiertueellaan.

Kun jälleennäkemisen merkeissä käyty iloinen keskustelu oli päättynyt, Amritatma liittyi Äidin seuraan, jota jo opastettiin ulkopuolella odottavaan pakettiautoon. Mutta ennenkuin he ehtivät ovelle, Äiti kääntyi yhtäkkiä oikealle, käveli näkemänsä tuolin luo ja istuutui.

Darshan lentokentällä

Istuutuessaan tuolille Äiti katsoi ihmisiä, jotka olivat nyt kerääntyneet hänen ympärilleen. Hän hymyili hyvin hellästi, ojensi käsivartensa heitä kohti ja sanoi englanniksi: "Tulkaa lapseni!"

Amritatma ajatteli: "Voi hyvä Jumala, aikooko hän antaa täällä darshanin jokaiselle?" Hän kumartui kuis-kaamaan Äidille: "Amma, me olemme yhä lentokentällä! Eikö riitä, että annat darshanin huomenna?"

Nähdessään huolestuneen ilmeen hänen kas-voillaan Äiti hymyili rauhoittavasti ja sanoi: "Ei. Mitä vikaa tässä paikassa on?"

"Mutta Amma", hän protestoi, "tämähän on lento-kenttä! Virkailijat tarkkailevat meitä. He saattavat ihmetellä, mitä kummaa me tässä puuhailemme." Mutta joku oli jo polvistununut Äidin eteen ja kietoutunut hänen lämpimän äidilliseen syleilyynsä. Äiti oli aloittanut darshanin antamisen. Tälläinen Äiti on. Voisiko hän, joka on kaikkien Äiti, toimia toisin?

Kaikki menivät yksitellen Äidin luo ja saivat hänen halauksensa. Sitten he istuutuivat lattialle hänen ympärilleen ja tuijottivat tätä ilmiömäistä ihmettä edessään. Heidät näytti täyttäneen rauha ja rakkaus, jota Äiti niin selvästi säteili.

Nähdessään tämän epätavallisen tilanteen keskellä lentokenttää, muutamia poliiseja ja muitakin ihmisiä kerääntyi hetkeksi seuraamaan tapahtumaa.

Nykyisin tällainen näkymä toistuu lentokentillä eri puolilla maailmaa aina Äidin saapuessa lentoteitse kaupunkiin, jossa hänellä on darshantilaisuuksia. Vuonna 1987 Äidin ensimmäisellä Amerikan matkalla vain pieni ryhmä oli häntä vastassa. Mutta nyt tämän kirjan kirjoittamisen aikaan (useita vuosia myöhemmin), milloin tahansa Äiti saapuu ja lähtee miltä tahansa lentokentältä eri puolilla maailmaa, paikalle kerääntyy suuri joukko ihmisiä tapaamaan häntä.

Kun Äiti matkustaa, tapahtuu lentokentillä mielenkiintoisia välikohtauksia. Noustessaan koneisiin tai poistuessaan niistä Äiti vastaanottaa odotustiloissa lapsiaan syli avoinna osoittaen rakkauttaan halaamalla ja suukottelemalla heitä.

Äiti sanoo halauksistaan ja suukottelustaan: "Amman halauksia ja suukottelua ei tulisi pitää tavallisina. Kun Amma tekee niin, on se sisäisen parantumisen ja puhdistautumisen prosessia. Amma välittää osan puhdasta elinvoimaansa lapsiinsa ja tällöin he voivat kokea todellista, ehdollistumatonta rakkautta. Kun Amma koskettaa heitä, se auttaa heidän uinuvaa henkistä energiaansa heräämään ja vähitellen se vie heidät korkeimpaan päämäärään, Itsen oivaltamisen tilaan."

Lukemattomia kertoja Äiti on tarttunut ohi-kulkevaan lentokapteeniin, lentoemäntään, stuerttiin tai matkustajaan ja ilmaissut kaikkea syleilevää rakkauttaan antamalla heille halauksen ja suukon poskelle. On hämmästyttävää, miten kukaan ei vastustele tai osoita merkkiäkään torjunnasta. Päinvastoin, poikkeuksetta he avautuvat spontaanisti Äidin rakkaudelle. Äiti on monesti tarttunut heihin ja syleillyt heitä, ennen kuin he ovat edes huomanneet mitä on tapahtumassa.

Vieraiden ihmisten alttius, kun he saavat tällä tavalla yllättäen Äidin darshanin, muistuttaa meitä hänen sanoistaan: "Todellista rakkautta ei voi torjua. Voitte vain vastaanottaa sen avoimin sydämin. Kun lapsi, olipa hän sitten ystävän tai vihollisen lapsi, hymyilee, ette voi muuta kuin hymyillä takaisin, sillä lapsen rakkaus on niin puhdasta ja viatonta. Puhdas rakkaus on samanlaista kuin kauniin kukan vastustamaton tuoksu."

Eräs huvittava välikohtaus tapahtui heinäkuussa 1995, kun Äiti oli lähdössä Amerikan kiertueensa jälkeen Eurooppaan. Ennen passitarkastukseen menoa hän istuutui tuolille vastaanottamaan satoja lapsiaan, jotka olivat tulleet saattamaan häntä. He istuivat lattialla Äidin ympärillä haluten olla niin lähellä häntä kuin mahdollista. Äiti oli täysin seuraajiensa piirittämä. Jotkut matkustajat siirtyivät istuimiltaan nähdessään joukon kerääntyvän Äidin ympärille. Eräs vanha herra, joka istui syventyneenä sanomalehteensä, ei ollut tarpeeksi nopea. Ennenkuin hän huomasikaan mitä oli tapahtunut, Äiti oli jo istuutunut hänen viereensä seuraajien tungeksiessa hänen ym-pärillään jättämättä miehelle tuumaakaan tilaa nousta seisomaan ja päästä siirtymään kauemmaksi.

Miesparka näytti hätääntyneeltä ja hämmen-tyneeltä. Mitä hänen tulisi tehdä! Hänellä ei ollut muuta vaihtoehtoa kuin jäädä siihen missä oli ja uppoutua uudestaan sanomalehteensä. Hän hautasi kasvonsa lehteen yrittäen peittää ne sen sivuilla niin hyvin kuin mahdollista. Mutta kykenisikö hän tekemään näin pitkään? Äiti oli jo aloittanut darshanin. Raskain sydämin ja silmät kyynelistä tulvien, uhkaavan eron lähestyessä, seuraajat alkoivat laulaa:

Ota minut mukaasi,
etkö kantaisi minua?
Salli minun levätä käsivarsillasi hetken aikaa.
Ota minut mukaasi,
etkö kantaisi minua?
Suo minun kylpeä hymysi suloisuudessa.
Äiti, ota minut mukaasi,
ota minut mukaasi.

14

Miesparka alkoi olla entistä levottomampi. Kyy-nelistä huolimatta ihmiset nauroivat hetkittäin, kun Äiti laski leikkiä jonkun kanssa, tai leikitteli jonkun lapsen kanssa. Mies istui kuin olisi ollut vanki, mutta kaikesta yrittämisestään huolimatta hän ei yksinkertaisesti voinut olla välinpitämätön sille rakkauden suurelle juhlalle, jota vietettiin hänen lähellään. Silloin tällöin hänen ute-liaisuutensa voitti ja hän kurkisteli vaivihkaa sano-malehtensä takaa. Äidin vastustamaton viehätysvoima oli alkanut vaikuttaa häneen.

Aluksi hän silmäili Äitiä noin joka puolen minuutin välein, mutta vähitellen väliajat lyhenivät vain muutamaan sekuntiin. Lopulta Äidin rakkaudellisuus vaikutti häneen niin, että hän heitti sanomalehtensä syrjään ja alkoi katsomaan Äitiä. Hetken kuluttua hän kysyi Äidiltä kaikkien riemuksi: "Voisinko minäkin saada halauksen? Se vaikuttaa niin ihmeelliseltä ja rauhoittavalta!" Ennenkuin Äidillä oli tilaisuutta vastata, mies jo painautui Äidin olkapäätä vasten ja hänen nähtiin kietoutuvan Äidin hellään syleilyyn. Kaikki nauroivat sille niin heleästi, että lähistöllä olevat matkustajat kääntyivät katsomaan heitä.

Tämän välikohtauksen ansiosta Äidin lasten onnistui unohtaa hetkeksi, että hän oli juuri lähdössä ja että heidän olisi odotettava kokonainen vuosi hänen paluutaan.

Ikimuistoinen ensimmäinen ilta

Äiti kuljetettiin lentokentältä Rosnerien taloon. Nealu, Amritatma ja eräs brahmacharini matkustivat hänen kanssaan pakettiautossa.

Äiti antoi heille lyhyen kuvauksen siitä, mitä oli tapahtunut Vallickavun ashramissa heidän lähtönsä jälkeen. Hän kertoi kuinka syvän surullisia ashramilaiset ja seuraajat olivat olleet, kun hän oli lähtenyt pois niin pitkäksi aikaa. Äiti kääntyi Amritatman puoleen ja sanoi: "Olitko tulla hulluksi ajatellessasi Ammaa? Poikani, Amma tuntee sydämesi perinpohjaisesti! Lähtiessäsi Intiasta Amma kertoi Gayatrille kuinka vaikeaa sinun on olla fyysisesti erossa Ammasta." Amritatma katsoi Äidin kasvoja. Äiti näytti syvästi huolehtivalta ja

15

myö-tätuntoiselta. Ja hän vastasi: "Amma, tuo hulluus on ohimenevää. Jos antaisit tuon hulluuden kestää, tuntisin olevani todella siunattu."

"Poikani, sitä sinä pyysit tavatessasi Amman ensimmäisen kerran." Äiti muistutti häntä ensimmäisestä tapaamisesta heinäkuussa 1979. Hän oli kertonut olevansa vain hullu tyttö, mihin Amritatma oli vastannut: "Amma, minä haluan osan tuosta hulluudesta." Äiti kääntyi Nealun puoleen ja kysyi: "Miten menee vanha mies? Oletko ollut terveenä?" (Äiti kutsuu joskus vastuullisia ihmisiä nimellä 'vanha mies'.)

Nealu hymyili ja vastasi: "Amman armosta kaikki on hyvin." Sitten hän antoi lyhyen yhteenvedon heidän valmistelevista vierailuistaan eri kaupunkeihin ja niissä pitämistään ohjelmista. Matka Earlin kotiin kesti tunnin. Kun he saapuivat perille, Äiti otettiin lämpimästi vastaan. Talo oli täynnä ihmisiä ja kaikki olivat hyvin innostuneita. Äidin astuttua ulos autosta ja kävellessä ovea kohden kaikki resitoivat (lausuivat) mantraa "Om Amriteswaryai Namah." Earl ja Julie tekivät *pada puja* - rituaalin Äidin pyhille jaloille. Heidän kolmevuotias poikansa Gabriel laittoi kukkaseppeleen Amman kaulaan selviten tehtä-västään hyvin. Hän oli puhunut hyvin innostuneesti Äidin kukittamisesta siitä lähtien, kun Earl oli uskonut tehtävän hänelle. Tavatessaan jonkun hän sanoi aina: "Arvaa mitä? Minä laitan kukkaseppeleen Ammachin kaulaan!" Vastaanottotilaisuuden jälkeen Br. Nealu vaati, että Äidin tulisi levätä jonkin aikaa, koska lento Singaporesta oli ollut pitkä ja rasittava. Välittämättä edes vastata Äiti istuutui tuoliin, joka oli rakkaudella valmisteltu ja verhoiltu kauniilla silkkikankaalla. Ennen lentokentälle lähtöä Nealu oli siirtänyt tuolin pois olohuoneesta. Hän pelkäsi, että nähdessään sen Äiti ei menisikään lepäämään vaan istuutuisi siihen ja alkaisi antaa darshania. Mutta joku oli tuonut tuolin takaisin. Nealu oli järkyttynyt, koska hänelle ei mikään ollut tärkeämpää kuin Äidin terveys. Siksi hän halusi epätoivoisesti, että Äiti olisi saanut ensin hieman levätä. Mutta niin ei tapahtunut, sillä Äidin rajaton myötätunto ei koskaan lakkaa virtaamasta hänen lapsilleen.

Äiti alkoi nyt kutsua läsnäolijoita yhden kerrallaan darshaniin.
Kun he tulivat vuorotellen Äidin eteen ja polvistuivat siihen, Äiti
veti heidät puoleensa, laittoi heidän päänsä olkapäätään vasten ja
piti lähellään. Palattuaan takaisin paikoilleen he näyttivät levollisilta
ja onnellisilta. Kun Steve Fleisher sai Äidin darshanin, hän horjui
paikoilleen aivan kuin olisi ollut juovuksissa. Hän tuli Amritatman
luo ja yritti kertoa miltä hänestä tuntui, mutta ei kyennyt sanomaan
mitään. Säteilevistä kasvoista päätellen oli ilmeistä, että hänen sy-
dämensä oli ylitse-vuotavan täynnä. Amritatma ehdotti, että hän
istuutuisi mietiskelemään hetkeksi. Steve alkoi meditoida huoneen
nurkkauksessa tyyni ilme kasvoillaan.

Äiti jatkoi lastensa halaamista ja lauloi kaksi laulua: *Durga* ja
Radha Govinda Bhajo.

Durga

Voitto Äiti Durgalle!
Oi Äiti, joka olet
myötätunnon valtameri.
Äiti Kali, jonka kaulalla
on ihmiskalloista tehty seppele.[3]
Voitto Maailman ylläpitäjälle,
kaikkeuden jumalalliselle Äidille!

Radha Govinda Bhajo

Oi Radha,
Krishnan rakastettu,
lehmien Herran palvoja.
Oi, ihana Radha,
meidät ahdingosta vapauttava Radha,
lehmien Herran, Krishnan rakastettu.
Oi Radha,
lehmien valtiaan, Krishnan rakastettu.

---

[3] Ihmiskallot, jotka koristavat Kalia, symboloivat egon kuolemaa.

Kun kaikki olivat vastaanottaneet darshanin, Äiti pyysi muutamia hedelmiä. Hän paloitteli hedelmät ja syötti omin käsin jokaiselle palan *prasadina*. Sitten Äiti istuutui lattialle ja alkoi leikkiä Gabrielin kanssa. Hetken kuluttua hän kutsui luokseen juuri saapuneen miehen. Kun Äiti halasi häntä niin että hänen päänsä lepäsi Äidin olkapäätä vasten, alkoi miehen takana seisonut Gabriel kiskoa tätä paidasta sanoen: "Hän on *minun* äitini!" Kun Amritatma käänsi tämän Äidille, hän kääntyi Gabrieliin puoleen ja sanoi: "Onko Amma ainoastaan *sinun?*" Gabriel nyökkäsi päättäväisesti ja sanoi: "Kyllä!" Kaikki nauroivat hänen viattomalle huomautukselleen.

Earlilla ja Judiella oli kaksi poikaa, Arlo ja Gabriel. Molemmat olivat hyvin innostuneita Äidin tapaamisesta, erityisesti Gabriel, joka oli nuorempi. Vaikka hän oli vasta kolmevuotias, hän oli kaksikymmentäviisivuotiaan oloinen. Hän oli hyvin suloinen ja älykäs lapsi.

Gabriel syntyi Earlille ja Judielle Äidin armosta. Kun heidän ensimmäinen poikansa oli syntynyt, he olivat alkaneet toivoa toista lasta, mutta Judie ei ollut tullut uudestaan raskaaksi. Earl oli kirjoittanut veljelleen Nealulle heidän toiveestaan saada toinen lapsi. Nealu oli kirjoittanut takaisin sanoen: "Kerroin Äidille toiveestanne. Äiti sanoi, että toinen lapsi ei ole 'tähtiin kirjoitettu', mutta hän tekee silti *sankalpan* (päätöksen), että saisitte toisen lapsen." Pian sen jälkeen Judie alkoi odottaa Gabrielia.

Äiti meni keittiöön. Hän kutsui kaikki mukaansa ja alkoi sitten itse tarjoilla päivällistä, vaikka kello oli jo 23.30. Hänen kanssaan matkustaneet olivat väsyneitä, mutta hän itse oli kuudentoista tunnin lentomatkan jälkeen yhä edelleen raikkaan näköinen ja täynnä energiaa. Hän vietti tämänkin ajan lastensa kanssa antaen heille kaikkensa.

Nealu kuljeskeli ympäri levottomana, koska hän oli huolissaan Äidistä. Hän murahteli: "Eikö kukaan saa häntä lepäämään?" Mutta hänen sanoillaan ei ollut mitään tehoa.

Eräs mies tuli Amritatman luo ja kysyi: "Onko Äiti tällainen aina vai ainoastaan poikkeustilanteissa?"

Amritatma vastasi: "Ystävä hyvä, hänen koko elämänsä on tällaista! Hän ei yksinkertaisesti voi olla mitään muuta. Oli päivä tai yö, hän ottaa vastaan jokaisen, joka tulee hänen luokseen. Äidin elämä on uhrautumista maailmalle. Missä hän on, siellä on aina juhla - puhtaan, viattoman rakkauden juhla." Syvä kunnioitus ja ihmetys kasvoillaan mies kääntyi katsomaan Äitiä, joka tarjoili edelleen ruokaa. Vasta kello 00.30 Äiti vihdoin vetäytyi huo-neeseensa.

Ensimmäinen virallinen darshan yhdysvalloissa

Seuraavana aamuna kaikki nousivat aikaisin. Äi-din darshan oli sovittu alkavaksi kello 9.30 aamulla. En-simmäisellä maailmankiertueella useimmat aamuohjelmat pidettiin Äidin seuraajien kodeissa ja melkein kaikki iltaohjelmat erilaisissa halleissa ja kirkoissa, paitsi Devi-bhavat, jotka pidettiin seuraajien olohuoneissa. Brah-macharit ja muutamat muut valmistelivat kiireisesti aamudarshania. Ihmiset alkoivat tulla puoli yhdeksältä ja yhdeksään mennessä Rosnerien olohuone oli melkein täynnä. Äiti tuli olohuoneeseen täsmälleen kello 9.30. Kun Hän saapui, kaikki nousivat seisomaan osoittaen tällä tavalla kunnioitustaan. Äiti laskeutui polvilleen, kumarsi kaikkien edessä koskettaen otsallaan lattiaa ja istuutui sitten hänelle varatulle pienelle matolle. Hän sulki silmänsä ja alkoi meditoida sukeltaen syvälle omaan ihmeelliseen maailmaansa, kaikkien rajojen tuolle puolen, yksinoloon. Ihmiset seurasivat Äidin esimerkkiä ja alkoivat myös meditoida. Äidin läsnäolo auttoi jokaista pääsemään vaivattomasti meditaation tilaan. Jonkin ajan kuluttua Äiti nousi, istui darshantuoliin ja alkoi antaa darshania.

Siihen aikaan ei ollut darshanjonoa. Ihmiset istuivat Äidin ympärillä ja odottivat kunnes hän kutsui jokaista henkilökohtaisesti. Äiti vietti pitkään jokaisen kanssa ja kyseli monenlaista heidän elämästään. Hän kysyi vain auttaakseen heitä avautumaan, vaikka tosiasiassa tiesi jo heistä kaiken. Henkilökohtainen huomio, jota he saivat Äidiltä, ja hänen ainutlaatuinen tapansa antaa darshan jokaiselle, välittämättä siitä kuinka kauan hänen itsensä oli istuttava, oli ainutlaatuinen kokemus kaikille. Tämä kokemus täytti heidät syvällä henkisellä ilolla. Hänen läheisyydellään oli myös huomattava parantava vaikutus.

Kun joku noina aikoina esitti kysymyksen, joka ei ollut liian henkilökohtainen, Äiti pyysi Amritatmaa kääntämään sen ääneen, niin että kaikki kuulivat kysymyksen. Sitten hän antoi vastauksen, joka puhutteli kaikkia. Päivän mittaan Äiti myös lauloi useita *bhajaneita*. Ihmiset olivat Äidin laulusta hyvin liikuttuneita, ja jotkut lauloivat ja tanssivat puhtaasta ilosta. Laulun aikana Hän saattoi vajota *samadhiin*. Kun näin tapahtui, Br. Amritatma johti laulua Äidin puolesta.

Darshanin aikana laulettiin henkisiä lauluja eng-lanniksi, malajalamiksi ja sankritiksi. Syntyi mielen-kiintoinen sekoitus itää ja länttä. David-niminen mies soitti harppua ja lauloi perinteisiä englanninkielisiä hengellisiä lauluja. Laulut, joita laulettiin rukouksina, olivat täynnä syvällistä merkitystä.

Kuunnelkaa, kuunnelkaa, kuunnelkaa,
minun sydämeni laulaa,
en koskaan hylkää Sinua,
en koskaan unohda Sinua.

Monet ihmiset itkivät tullessaan Äidin luokse ja ollessaan hänen sylissään. Äidin kasvot säteilivät rakkautta, niiden ilme vaihtui ilosta myötätuntoon ja syvään huolenpitoon, kun hän kuivasi itkevien ihmisten kyyneleitä. Hän lohdutti ja opasti heitä ja paransi heidän men-neisyydessä syntyneitä syviä sisäisiä haavojaan. Eräs Taosista kotoisin oleva nainen lauloi:

Mitä on tämä ihmeellinen rakkaus
minun sielulleni, minun sielulleni?
Mitä on tämä ihmeellinen rakkaus
minun sielulleni?
Mitä ihmeellistä rakkautta tämä on,

*joka saa Autuuden Äidin syntymään tälle maapallolle,minun
sieluni tähden, minun sieluni tähden
syntymään tälle maapallolle minun sieluni tähden?*

*Kumarrun Sinun jalkojesi juureen,
Sinun jalkojasi minä kumarran.
Kumarrun jalkojesi juureen, Sinun jalkojesi.
Sinä olet tehnyt rakkaudestani täydellisen.
Sinä olet tehnyt elämästäni täydellisen rakkaudellasi,
Sinun rakkaudellasi.
Rakkaudellasi Sinä olet tehnyt elämäni täydelliseksi.*

*Rakkaudella laulan Sinun ulkoiselle olemuksellesi,
laulan Sinun rakastetulle olomuodollesi.
Rakkaudella laulan Sinun ulkoiselle rakastetulle hahmollesi
Amritanandamayi.
Mata Amritanandamayille laulan,
minä laulan,
Mata Amritanandamayille minä laulan.*

*Ja vapautuessani kuolemasta
jatkan laulamista, jatkan laulamista
ja vapautuessani kuolemasta
laulan edelleen
ja kun olen vapaa kuolemasta
minä laulan ja iloitsen,
läpi ikuisuuksien minä laulan,
minä laulan,
Mata Amritanandamayille minä laulan.*

Joku kysyi: "Amma, miltä tuntuu olla täällä lännessä, jos vertaat tätä Intiaan? Onko niillä suuri ero?"

Äiti hymyili ja vastasi: "Mielen ja kehon luomat rajat ovat syynä kaikille kokemillesi erilaisuuksille. Kun ylität rajasi, kaikki eroavuudet katoavat. Ammalle ei ole olemassa eroavuuksia, vaan

21

kaikki ovat hänen lapsiaan ja kaikki kolme maailmaa ovat hänen asuinpaikkojaan. Tämä on Amman kokemus. Niin täällä lännessä kuin Intiassakin Amma vain on - nähden jokaisen omana Itsenään. Kuinka voisi olla olemassa mitään erilaisuuden tunnetta, jos olette yhtä korkeimman tietoisuuden kanssa? Ammalle ei ole olemassa sellaisia käsitteitä kuin täällä ja siellä. Minne tahansa Amma meneekin hän on samanaikaisesti täällä ja siellä. Ei ole kyse idästä tai lännestä. Vaikka kukka koostuu monista terälehdistä, se on yksi kukka. Ihmiskehossa on monia osia. Kuitenkin on vain yksi keho. Samalla tavoin maailmassa on monia eri maita, kulttuureita, kieliä, rotuja ja ihmisiä, mutta Ammalle on olemassa vain kokonaisuus - vain Yksi. Niin kaun kuin samaistut kehoosi on olemassa jaotteluja. Kehotietoisuus tekee sinut ajasta ja tilasta tietoiseksi. Ajan ja tilan mukana nousevat esiin erilaiset uskonnot, rodut, yhteiskuntaluokat ja kansallisuudet. Tällainen jaottelu saa kaiken näyttämään erilaiselta ja sinusta itsestänne erillään olevalta.

Tämä yksi tietoisuus, joka pitää kaiken luoma-kunnassa koossa, on unohtunut. Sen vuoksi ihmiset tuntevat olevansa ulkopuolisia. Tavallinen ihminen ei ole tietoinen muusta kuin kaikkialla kokemistaan eroa-vaisuuksista. Mutta hänelle, joka on oivaltanut Itsen ja päässyt kehon tuolle puolen, ei ole olemassa eroavuuksia. Sellaiselle sielulle kaikki ovat yhden Universaalisen tietoisuuden osia. Hän havaitsee selkeästi keskinäisen yhteyden kaikessa. Hänelle ei ole olemassa mitään erillisiä suureita, vaan kaikki ovat kokonaisuuden osia. Tuossa olotilassa koet itsesi kaikessa ja kaikkialla - täällä ja siellä, ylhäällä ja alhaalla, kaikissa suunnissa, niin rumassa kuin kauniissa. Minne tahansa sellainen sielu meneekään, on hänen oma Itsensä jo siellä. Hän on aina läsnä, eikä koskaan poissa. Hän on aina tietoinen, ei koskaan tiedostamaton ja hän toimii aina spontaanisti syvältä sisimmästään käsin. Hän ei ole kenellekään vieras, koska hän on kaiken läpäisevä tietoisuus. Tuossa tilassa ei ole olemassa hetkeäkään, jolloin et tiedostaisi täydellisesti."

Amritatma, joka istui Äidin vierellä kääntämässä hänen sanojaan, muisti tietyn päivän vuonna 1982, jolloin hän valmentautui filosofian maisterin tutkintoa varten. Hän istui huoneessa professorinsa kanssa, joka oli suostunut tulemaan ashramiin valmentamaan häntä. Heillä oli meneillään keskustelu eräästä Patanjalin *Joogasutran* ajatelmasta. Professori ei uskonut Äitiin. Hän sanoi Amritatmalle: "Kuulehan, minä en usko, että tämä sinun Äitisi olisi saavuttanut tuon tilan. Totta kai uskon siihen, että kaikkitietävyyden tila voidaan saavuttaa harjoittamalla *tapasia* (itsekuriharjoituksia), mutta en ole vähimmässäkään määrin vakuuttunut sinun Äitisi kaikkitietävyydestä."

Amritatmaa loukkasi professorin huomautus, mutta samalla hän koki sen haasteena omalle uskolleen. Hän huomasi vastaavansa professorille impulsiivisesti: "Hyvä on! Koska ajattelet Äidistä tuolla tavoin, todistan sinulle, että hän on kaikkitietävä. Näytän sinulle kuinka hän vastaa rukoukseeni. Anna minulle hieman aikaa ja näet mitä tulee tapahtumaan!"

Amritatma kääntyi kohti huoneessa olevaa pientä alttaria, jonka päällä oli Äidin kuva. Hän sulki silmänsä ja rukoili sydän täynnä tunnetta: "Amma, Jumalani ja Guruni, ole ystävällinen, älä ajattele minun olevan ylimielinen tai pöyhkeä. Minulla ei ole minkäänlaisia epäilyksiä sinun suhteesi, mutta salli professorin ymmärtää, että sinä tiedät kaiken. Se olisi hänelle siunaus. Mutta Amma, sinä tiedät, mikä on parasta. Tapahtukoon sinun tahtosi." Sitten Amritatma kumartui maahan kuvan edessä. Kun hän näin luovutti rukouksen Äidin jalkojen juureen, hän huomasi itkevänsä sydäntä särkevästi. Yhtäkkiä hän kuuli jonkun sanovan: "Äiti kutsuu sinua!" Amritatma nousi polvilleen ja vilkaisi oveen päin. Eräs brahmachari seisoi ovella ja toisti: "Äiti kutsuu sinua!"

Amritatman onnella ei ollut rajoja. Täynnä kiitollisuutta hän polvistui jälleen Äidin kuvan edessä ja kuiskasi hiljaa: "Amma, näinkö nopeasti vastasit tämän lapsen rukoukseen?" Kyyneleet silmissään hän katsoi professoria ja kysyi: "Professori, mitä ajattelet nyt?" Tämä ei sanonut mitään, Amritatma pyysi anteeksi ja poistui nopeasti huoneesta.

23

Darshanmaja sijaitsi noin viidenkymmenen metrin päässä. Amritatma tuli sinne ja katsoi avoimesta ovesta sisään. Paikalla oli paljon ihmisiä odottamassa Äidin darshania. Nähdessään Amritatman hän hymyili ja kysyi: "Lapseni, kutsuitko sinä Ammaa." Kuullessaan Äidin lempeän äänen ja sydäntä rauhoittavat sanat, sanoin-kuvaamaton ilo täytti Amritatman sydämen. Hän seisoi ovella vuodattaen autuaallisen ilon kyyneleitä. Äiti katsoi häntä tarkkaavaisesti ja sanoi uudestaan: "Poikani, kutsuitko sinä Ammaa?" Amritatma oli niin liikuttunut, ettei kyennyt vastaamaan. Tietysti Äiti tiesi kaiken mitä oli tapahtunut, joten ei ollut tarpeellista kertoa hänelle mitään. Hän istuutui ja nyyhkytti kuin pieni lapsi peittäen kasvonsa käsillään. Vähän myöhemmin palattuaan takaisin huoneeseensa hän kertoi professorille, mitä oli tapahtunut. Syvästi katuvalla äänellä professori sanoi: "Kuka minä olen arvostelemaan Äitiä? Minun on myönnettävä - olen nyt kanssasi samaa mieltä Äidin kaikkitietävyydestä." Tämän tapahtuman jälkeen professorista tuli Äidin seuraaja.

Tapahtuma kuvaa sitä tosiasiaa, että Äiti on joka hetki kaikkialla, koska hän on yhtä korkeimman tietoi-suuden kanssa. Ei ole olemassa hetkeäkään, etteikö hän olisi läsnä kaikkialla. Ei ole olemassa paikkaa, missä hän ei olisi läsnä.

Amritatma muisti myös kuinka Bri. Lakshmi kertoi hänelle yhdestä kokemuksestaan Äidin kanssa. Tämä tapahtui ennenkuin hän alkoi palvella Äitiä henkilö-kohtaisesti. Lakshmi oli tekemässä töitä jossakin ashramin alueella. Kuumuus teki hänet hyvin janoiseksi ja hänessä heräsi valtava halu saada jääkylmää vettä. Mutta koko ashramin ainoa jääkaappi oli Äidin huoneessa ja Lakshmi tiesi, että kylmän veden saaminen oli mahdotonta. Joitakin minuutteja myöhemmin eräs tyttö lähestyi työskentelevää Lakshmia ja ojensi hänelle lasillisen jääkylmää vettä sanoen: "Äiti antoi tämän minulle ja pyysi antamaan sen sinulle." Lakshmi oli hämmästynyt ja pyysi tyttöä selittämään mitä oli tapahtunut. Tyttö kertoi, että joku, kuten tavallista, oli tarjonnut Äidille juotavaa darshanin aikana. Äiti ei ottanut vettä, vaan sanoi välittömästi: "Antakaa se Lakshmille.

Hän on hyvin janoinen ja haluaa jääkylmää vettä." Niinpä tyttö toi vesilasin Lakshmille.

Äidin kaikkitietävyydestä on olemassa lukemat-tomia samankaltaisia esimerkkejä, jotka epäilemättä auttavat meitä ymmärtämään, että häntä eivät rajoita keho tai mieli, ja että hänen myötätuntoinen sydämensä ja auttavat kätensä ovat aina valmiina palvelemaan hänen lapsiaan, olivatpa nämä missä hyvänsä.

Onnelliset juhlat

Aviopari John ja Linda, jotka istuivat Äidin vieressä, sanoivat Amritatmalle: "Tapa, jolla Äiti ottaa ihmiset vastaan, on kaiken vertailun tuolla puolen. Se on todella ennennäkemätöntä. Hänen lämmin suhtautumisensa ja äidillinen rakkautensa, jota hän antaa meille puhtaimmassa muodossaan, on juuri sitä mitä me tarvitsemme. Läntinen maailma ei ole kokenut mitään tämän kaltaista koskaan aikaisemmin."

Amritatma vastasi: "Eikä myöskään itä."

John jatkoi: "Katsokaa näitä ihmisiä! He ovat täällä kuin toisessa maailmassa. Tämä on jumalallista paran-tamista. Tavattuamme Äidin ensimmäisen kerran tunsimme molemmat hänen kosketuksensa ja katseensa valtavan vaikutuksen. Äiti on ottanut pois niin paljon kipua."

Kun hän puhui, Johnin silmät täyttyivät kyynelistä. Hänen vaimonsa Linda kärsi vakavista hengitysongelmista. Hän ei ollut tarpeeksi terve matkustamaan tai edes istumaan. Siitä huolimatta hän tuli jokaiseen aamu- ja iltaohjelmaan vain, koska koki sanoin-kuvaamatonta rauhaa Äidin läheisyydessä.

Heidän puhuessaan vanhahko afroamerikkalainen mies, joka oli tullut vaimonsa ja kolmevuotiaan poikansa kanssa, nousi yhtäkkiä ja alkoi spontaanisti laulaa ja tanssia. "Olemme nähneet Kristuksen! Olemme nähneet Kristuksen, Herran Äidissä ja hänen jumalallisessa rak-kaudessaan ja myötätunnossaan! Äidissä ja hänen uhrau-tumisessaan me olemme nähneet Jeesuksen Kristuksen, pelastajan!" Hän näytti juopuneen jumalallisuudesta ja hänen ilonsa oli niin tarttuvaa, että kaikki alkoivat laulaa ja taputtaa käsillään tahtia. Miehen pikkupoika tanssi onnellisena isänsä vierellä. Hetken kuluttua kaikki nousivat ylös ja tanssivat Rosnerien olohuoneessa laulaen kerto-säkeitä: "Me olemme nähneet Äidissä Kristuksen, meidän Herramme." Tanssimista ja laulamista kesti jonkin aikaa kunnes vähitellen, yksi kerrallaan, tanssijat istuutuivat ja ilmapiiri hiljeni tyyneksi ja rauhaisaksi. Istuuduttuaan he alkoivat meditoida.

Tuo sama Äidin jumalallinen läsnäolo, joka hetki sitten oli innostanut heitä laulamaan ja tanssimaan ilosta, innosti nyt heitä uppoutumaan syvään meditaatioon. Monilla vierivät ilon kyyneleet poskia pitkin.

Ensimmäisen ja toisen maailmankiertueen aikana ihmisillä oli mahdollisuus viettää paljon aikaa Äidin fyysisessä läheisyydessä. Joskus joku sai olla jopa kymmenen minuuttia Äidin sylissä, erityisesti silloin kun Äiti innostui laulamaan antaessaan darshania. Äiti saattoi liukua haltiotilaan ja silloin halattava saattoi olla Äidin sylissä laulun loppuun asti. Kun Äiti lauloi tällaisessa tilassa, hän keinui puolelta toiselle aivan kuin hänen sylinsä olisi ollut kehto ja hänen laulunsa pyhä kehtolaulu, joka oli tarkoitettu hänen sylissään olevalle lapselle. Tällaista tapahtui vain ensimmäisen ja toisen maailmankiertueen aikana. Ihmisten lukumäärän kasvaessa Äiti lakkasi laulamasta tällä tavoin darshanin aikana.

Koska jokainen sai Äidiltä niin paljon aikaa, darshan kesti usein aamun puolikymmenestä myöhäiseen ilta-päivään, kuusi tai seitsemänkin tuntia ilman, että Äiti liikahtikaan tuoliltaan.

Pian aamudarshanin päättymisen jälkeen alkoi iltaohjelma kello seitsemältä kestäen aamun varhaisille tunneille. Siten Äidille ei jäänyt paljon aikaa lepäämiseen. Hän ei kertakaikkiaan välittänyt kehostaan ja sen tarpeista auttaessaan toisia. Eräs seuraajista sanoi: "Äiti muistuttaa minua ristiinnaulitusta Jeesuksesta, joka uhrasi elämänsä koko maailman tähden."

Tiedon tie ja toiminnan tie

Darshanin jatkuessa eräs seuraajista kysyi: "Amma, miksi *jnanit*, jotka pitäytyvät *jnanajoogaan* (tiedon tie), ylistävät tavallisesti tiedon tietä ja tuomitsevat *karmajoogan* (toiminnan tie)? Jopa *Bhagavad-Gitassa* Krishna arvostelee *vedojen* sitä osaa, joka käsittelee *karmajoogaa*. Hän tuo julki, että *jnana* on korkein. Krishna sanoo:

Täten on erilaiset uhrit säädetty vedoissa
Tiedä niiden kaikkien syntyneen toiminnan tuloksina:
Tietäessäsi sen olet vapaa - ei ole olemassa
mitään yhtä puhdistavaa kuin tieto.[4]

"Amma, tarkoittaako tämä, että jopa Krishna, joka oli itse täydellinen *jnani*, asetti tiedon tien toiminnan tien edelle?"

Äiti: "Poikani, Amma ei usko, että *jnanit* olisivat väittäneet toiminnan tien ja tiedon tien välillä olevan viittaamaasi eroa. Miksi Krishna, joka antoi täydellisen esimerkin siitä kuinka elää ja toimia maailmassa, vaikka hän oli tosiasiassa *purnam* (täydellinen) ja virheetön *jnani*, tuomitsisi toiminnan tien? *Jnanien* sanoissa ei ole mitään väärää, vaan ihmiset tulkitsevat heidän sanojaan väärin.

Elämään sisältyy kaksi puolta: toiminta ja toi-minnan tuloksista nauttiminen. Keho ja mieli ovat aktiivisia valvetilassa. Unitilassa keho on passiivinen, mutta mieli on aktiivinen ja siksi näemme unia. Alitajunnassa luodut, päivätajunnalta käsittelemättä jääneet vaikutelmat tulevat ilmi unina. Toisaalta, vaikka emme nukkuessamme teekään mitään ulkoisesti, verenkierto toimii edelleen ja sydän jatkaa sykkimistään. Myös tämä on toimintaa. Toisin sanoen, niin kauan kuin meillä on keho, mieli ja äly, emme voi välttyä tekemästä jotakin.

Vaikka teoillamme on taipumus sitoa meitä - siksi että takerrumme toimintamme tuloksiin - toiminta voi myös palvella astinlautana toiminnasta vapautumiseen."

---

[4] Srimad Bhagavad Gita, luku 4, säkeet 32 ja 38.

27

Vediset rituaalit

"*Vedoissa* on säädetty monenlaisia rituaaleja. Ihmisillä on kuitenkin taipumus takertua liikaa rituaalien muotoon, kun heidän sitävastoin tulisi ymmärtää niiden sisäinen tarkoitus ja ylittää ne. *Vediset* rituaalit ja mantrat, jotka muodostavat osan rituaaleista, puhdistavat ilmapiiriä ja hyödyttävät ihmiskuntaa. Mutta vaikka ne saavatkin paljon hyvää aikaan, niitä ei voi verrata siihen mittaa-mattomaan hyötyyn, jonka ihmiskunta saa häneltä, joka on saavuttanut Itsen. Kuinka tärkeitä ja kallisarvoisia rituaalit sitten ovatkin, niiden harjoittajan tulisi ylittää ne ja pyrkiä kokemaan sisimmässään niiden perimmäinen totuus. Juuri tämä on uskonnon tarkoitus: saada ihminen oivaltamaan, ettei ole mitään Jumalaa tai Jumalatarta, joka olisi erillään omasta sisimmästä Itsestämme. Tämä korkein kokemus ykseydestä totuuden kanssa on kaikkien uskonnollisten opetusten perusta. Mitä hyödyttää henkisyyden harjoittaminen tai *vediset* rituaalit, jos tuohon ykseyteen ei päästä? Itsen oivaltaneen sielun pelkällä läsnäololla, hengityksellä, kosketuksella, katseella ja sanalla on voimaa puhdistaa ja kohottaa niitä, jotka ovat yhteydessä häneen. Jopa tuulella, joka hyväilee hänen kehoaan ja jopa hänen syljellään on tällainen voima.

On ajattelematonta painottaa liikaa rituaalien merkitystä ja tulla niistä liian riippuvaisiksi samalla unohtaen niiden perimmäinen tarkoitus, joka on opastaa pyrkijää totuuden sisäiseen kokemiseen. Todennäköisesti Krishna tarkoitti tätä. Amma ei väitä tietävänsä kaikkea *Bhagavad-Gitasta*, mutta hän uskoo tämän olleen syynä siihen, että Krishna arvosteli vedoissa *karma kandaa*. Siihen aikaan ihmiset todennäköisesti takertuivat liikaa *vedojen* rituaaliseen puoleen, kun taas *jnanan* eli tiedon osuutta ei huomioitu lainkaan. Jos Krishna syntyisi tässä ajassa hän epäilemättä arvostelisi niin kutsuttuja *jnaneja*, jotka vain puhuvat *vedantasta* kokematta tai harjoittamatta sitä lainkaan. Vedisiä rituaaleja hän kuitenkin ylistäisi. Tiedättekö miksi? Koska olemme unohtaneet nuo rituaalit, joista olisi hyvin suurta hyötyä ihmiskunnalle.

Ei ainoastaan vedisten rituaalien, vaan minkä tahansa karman (toiminnan), tarkoitus on auttaa meitä tietyssä määrin puhdistumaan henkisesti. Mutta se on mahdollista vain, jos meillä on oikea asenne. Sitten kun mieli ja aistit ovat puhdistuneet, on tarkoitus, että luovumme kaikesta toiminnasta ja käännymme totuuden etsinnässämme sisäänpäin. Kun olemme saavuttaneet tuon puhtauden, meissä kasvaa halu tietää totuus olemas-saolosta ja me käännymme automaattisesti sisäänpäin. Tuo kaipaus auttaa meitä vihdoin kokemaan korkeimman totuuden. Tuossa ykseyden tilassa ei ole mitään *vedaa* eikä jumalia tai jumalattaria, on vain meidän oma Itsemme. Kaikki koetaan yhtenä ja saman Itsenä.

Pyhissä kirjoituksissa sanotaan, että henkilölle, joka on saavuttanut korkeimman tiedon - *jivanmuktan* tilan eli kokemuksen että kaikki on atman - *vedat* lakkaavat olemasta *vedoja,* ja jumalat lakkaavat olemasta jumalia.

Ykseyden kokeminen sisäisenä totuutena on kaikkien uskontojen päämäärä. Miksi olisi lainkaan olemassa uskontoja, jos tuon kokemuksen saavuttaminen ei olisi mahdollista? Kaikkien kansojen ihmisillä rikkaasta köyhään, lukutaidottomasta korkeasti koulutettuun on käsitys, että Jumala on heistä erillään ja erilainen kuin he. Mitä hyötyä on uskonnosta tai henkisistä periaatteista, jos niiden niin kutsutut opettajat ja harjoittajat eivät tunne totuutta? Ei ole väärin arvostella sellaisia ihmisiä, jotka eivät piittaa sisäisestä todellisuudesta. Juuri sitä Krishnan on täytynyt tarkoittaa arvostelullaan *Gitassa,* sillä hän tuli maailmaan herättämään ihmisiä todelliseen tietoon.

Tänä päivänä tilanne on toinen. Ihmiset kerskuvat olevansa *jnaneja* (totuuden tietäjiä), ilman välitöntä kokemusta *jnanasta* (tiedosta) itsestään. He luulevat, että *jnani* on joku, jolla on suuret määrät älyllisiä käsitteitä päässään. He eivät käsitä, että he vain kuljettavat suurta taakkaa mukanaan pääsemättä sen kanssa minnekään.

Karma ja *jnana* ovat toisistaan riippuvaisia. Et voi sanoa olevasi *jnani,* ellet ole ensin saavuttanut siihen tarvittavaa henkistä puhtautta pyhissä kirjoituksissa mainittujen toimenpiteiden avulla. On yksinkertaisesti mahdotonta saavuttaa *jnanan* tilaa harppauksella. Kyseessä on hidas ja vakaa kehitys. Se on kuin lapsen kasvaminen. Et voi odottaa lapsen kasvavan aikuiseksi päivässä tai kahdessa. Lapsen on käytävä läpi useita vaiheita kasvaessaan aikuiseksi, kasvu ei tapahdu hetkessä."

Kärsimättömyys tuhoaa

"Samalla tavoin, henkinen kasvu on evoluutiota (luonnollista kehitystä) ei revoluutiota (vallanku-mouksellista). Kärsimättömyydessään ihmiset ovat taipuvaisia vallankumouksellisuuteen. Mutta vallan-kumous on aina tuhoavaa. Valitettavasti nykyajan ihmiset vaativat henkistä kohottautumista niin nopeasti kuin suinkin. He vaativat valaistumista silmänräpäyksessä. Voitko kuvitella äidin sanovan pienokaiselleen: 'Minä haluan, että sinä kasvat heti paikalla! Miksi olet noin kauan lapsi? Vauhtia, minulla ei ole aikaa odottaa!' Mitä sanoisit sellaisesta äidistä muuta kuin, että hän on joko erittäin typerä tai mielenvikainen? Ihmiset odottavat ihmettä. Heillä ei ole kärsivällisyyttä odottaa tai yrittää tosissaan. Ei ymmärretä, että todellinen ihme on sydämen avautuminen korkeimmalle totuudelle. Tuo sisäinen prosessi on kuitenkin aina hidasta ja vakaata. Luonnossa kaikella on luonnollinen kehityksensä. Jumala pitää hyvää huolta ja on äärimmäisen kärsivällinen jopa kukan avaamisessa - ja kukan avau-tuminen on ihme. Kestää yhdeksän kuukautta, ennen kuin lapsi on valmis syntymään ja tuo syntymä on ihme. Jumala ei koskaan pidä kiirettä. Hän on luonnollisen kehityksen kannalla. Pysyvää kehitystä tapahtuu vain, jos maltat kasvaa evoluution puitteissa.

Amma ei väitä, etteikö perimmäinen oivallus voisi tapahtua yhtäkkiä. Se voi tapahtua milloin tahansa, mestarin armosta. Mutta oletko valmis siihen? On ihmisiä, jotka sanovat: 'Miksi minun pitäisi olla siihen valmis, kun minä jo olen Se?' Totta, sinä olet Se, mutta entäpä kielteisyyden taakka, jota yhä kannat mukanasi? Ja entäpä egosi? Niin kaun kuin on jäljellä häivähdyskin orjuutta, sinun on työskenneltävä poistaaksesi se. Kokemuksesi, että olet keho ja mieli, on yksi orjuuden muodoista, niin myös viha, katkeruus, himo ja kateus. Kun olet tällaisten tunteiden otteessa, sinun on mahdoton kokea sisälläsi olevaa totuutta, joka on todellinen luontosi. Siksi *sadhanan* (henkiset harjoitukset) suorittaminen on välttämätöntä. Ihmisillä on lukemattomia haluja ja vaatimuksia, joita he tahtovat toteuttaa niin pian kuin mahdollista. He haluavat tuloksia, mutta heillä ei ole kärsivällisyyttä työskennellä noiden tulosten puolesta. Ihmiset ovat valmiita pitkäaikaiseen koulutukseen tullakseen suureksi taiteilijaksi tai tiedemieheksi, tai hankkiakseen suuren omaisuuden. Mutta kun kyse on Jumalan oivaltamisesta, he haluavat sen heti. Kärsimättömyydestä on kuitenkin vain kielteisiä seurauksia. Kaikki tietävät kertomuksen Pandavista ja Kau-ravista. Pandavat syntyivät *mantra shaktin* tuloksena (tietynlaisten pyhien rukousten voimasta). Kun Yudhisthira, vanhin viidestä Pandavaveljeksestä syntyi jumalan siunauksella, Gandhari, Kauravien äiti, joka oli tuolloin raskaana tuli äärettömän kärsimättömäksi. Hän hakkasi vatsaansa niin rajusti, että sai keskenmenon ja synnytti lihamöykyn. Tuolloin muuan suuri pyhimys tunsi sääliä häntä kohtaan ja tuli auttamaan. Hän jakoi lihamöykyn sataan osaan, laittoi ne sataan ruukkuun ja sinetöi ne. Hän täytti ruukut omalla elinvoimallaan ja neuvoi Gandharia avaamaan ne vasta tietyn ajan kuluttua. Mutta jälleen Gandhari oli niin kärsimätön, ettei pystynyt odottamaan ja hän avasi ruukut ennenaikaisesti. Sen tuloksena Kauravat syntyivät epätäydellisinä ja pahansuopina. Heidän kautta koko heidän klaaninsa tuhoutui.

Kärsimättömyytensä vuoksi Gandhari ei pystynyt odottamaan pyhimyksen *sankalpan* (päätöksen) takana olevan voiman toteutumista. Olisipa hänellä ollut tarpeeksi kärsivällisyyttä, niin hän olisi saanut loistavia, hyveellisiä, Pandavien kaltaisia poikia. Mutta hänen kärsimät-tömyytensä tuhosi hyvyyden ja kauneuden mahdollisuuden. Ensimäisenä hänen lapsistaan syntyi pahansuopa prinssi Duryodhana. Täten Gandharin kärsimättömyys oli kauhistuttavan tuhon aiheuttaja."

Äiti lakkasi puhumasta ja lauloi bhajanin nimeltä *Oru Nimisha Menkilum.*

Oru Nimisha Menkilum

Oi ihminen, etsiessäsi
onnea tästä maailmasta,
saatko mielellesi edes hetken rauhaa?
Käsittämättä totuutta,
juokset harhan varjoja tavoitellen.
Ja kohtalosi on kuin koiperhosen,
joka harhautuu hehkuvaan liekkiin.

Kehityttyäsi asteittain,
erilaisten jälleensyntymien kautta
hyönteisinä, lintuina ja eläiminä,
olet lopuksi syntynyt ihmisenä.
Mikä voisi olla ihmiselämän tarkoitus
muu kuin Itsen oivallus?

Heitä pois ylpeytesi ja ahneutesi!
Luovu elämäntavasta, joka vie harhaan.
Elä ihmiselämäsi
ylistämällä korkeinta Brahmania.
Jumalan oivaltaminen on syntymäoikeutesi.
Älä tuhlaa tätä kallisarvoista elämää muuhun.

Kun laulu päättyi, eräs palvojista pyysi Äitiä käsittelemään Ganda-harin tarinaa vielä yksityiskoh-taisemmin.

Äiti: "Ihmisrotu on suunnannut askeleensa tuhoaan kohden. Ihmisillä ei ole kärsivällisyyttä antaa Jumalan päätöksen vaikuttaa omassa elämässä tai yhteiskunnassa ylipäänsä. Kärsimättömyys on sokaissut ihmiset. Vaati-musten pitäisi toteutua silmänräpäyksessä. Ego haluaa aina vastata haasteisiin ja toteuttaa halunsa niin nope-asti kuin mahdollista. Kiireissään ihmiset menettävät malttinsa ja erottelukykynsä, mikä vuorostaan tuhoaa heidän näkö-kykynsä selkeyden. Jos tämä jatkuu, päädytään tuhoon. Kun kaikki ovat tulleet yhteiskunnassa tällä tavoin sokeiksi, seurauksena on yhteentörmäys. Ihmiset riitelevät keskenään, yhteiskunnat törmäävät toisiinsa, kansakunnat kansakuntiin. Kärsimättömyys synnyttää ristiriitoja ja puutteita. Ihmisen kärsimättömyyden synnyttämät nykymaailman paholaiset päällystävät tietä hirvittävään tuhoon. Vain jos me heräämme, tuho voidaan estää. Se on tarinan moraalinen opetus. Jumalan tahto on kätketty kaikkeen luoma-kunnassa. Jumaluus on aina läsnä, mutta meidän kärsimättömyytemme sulkee ovet Jumalalta. Näin jumalallinen tahto estyy toteutumasta elämässämme. Duryodhana, kärsimättömyyden poika, sulki kaikki sydämensä ovet, niin että Krishnan armo ja valo eivät voineet päästä hänen elämäänsä. Vaikka hovissa häntä ympäröivät viisaat miehet, silti kukaan heistä ei kyennyt avaamaan hänen silmiään. Kieroutensa ja äärimmäisen kärsimättömyytensä vuoksi hän teki liian nopeita johtopäätöksiä, ja se suututti hänen lähellään olevia ihmisiä.

Myönteinen vaikutus on vain syvällä, asteit-taisella ja vakaalla kehittymisellä. Evoluutio (luonnol-linen kehitys) on Jumalan tunnussana. Kasvaminen Jumala-tietoisuuteen on melkein aina evoluutioprosessi. Meidän on saavutettava henkistä puhtautta ja kypsyyttä, joka on välttämätön edellytys korkeimman totuuden valtakuntaan pääsylle. Nämä ominaisuudet saavutamme rituaaleja noudattamalla. Heti kun saavutamme kypsyyden ja puhtauden, olemme valmiit sukeltamaan *Sat-Chit-Anandan,* (autuaallisen-tietoisuuden-olemisen) valtame-reen, silloin rituaaleille tai teoille ei ole enää tarvetta. Tehdessämme jotain tai suorittaessamme rituaaleja, meidän tulisi pitää mielessä, että Itsen tunteminen on lopullinen päämäärämme. Krishnan aikana ihmiset olivat unohtaneet tekemiensä rituaalien merkityksen. He takertuivat niihin, eivätkä yrittäneetkään päästä uskonnon muodollisuuksien tuolle puolen. He olivat unohtaneet, että rituaalien tarkoituksena on opastaa heidät korkeimpaan päämäärään. Siksi Krishna arvosteli heitä. Joten lapset, älkää ajatelko, että Krishna sinänsä vastusti *vedisiä* rituaaleja.

Jos syvennytte lukemaan *Bhagavad-Gitaa* oikein, ymmärrätte mitä Hän todella tarkoitti.

Tarkkaillessanne puuta huomaatte, että hedelmä on valmis vasta kun kukat ensin kukkivat ja terälehdet putoavat. Henkisen tien korkein hedelmä on Itsen tuntemus. Saavuttaaksenne tuon hedelmän on karman (tekojen) kukkien ensin kukittava ja pudottava pois." Taustalla muusikko Davidin sormet tanssivat viehkeästi harpun kielillä, kun hän lauloi vienosti:

Soham, soham,
Sinä ja minä olemme yksi.
Amma, Amma, soham!
Sinä ja minä olemme yksi.
Shiva, Shiva, soham!
Sinä ja minä olemme yksi.
Krishna, Krishna; soham!
Sinä ja minä olemme yksi.
Jeesus, Jeesus, soham!
Sinä ja minä olemme yksi.

Jumalallinen kosketus

Iltaohjelma pidettiin kveekari-ystävien kokous-tilassa. Suuri joukko ihmisiä oli odottamassa Äitiä, kun hän saapui. On hämmästyttävää kuinka hyvin Äiti pystyy saamaan yhteyden ihmisiin ilman varsinaista keskustelua.

Äiti otettiin ovella vastaan perinteisin menoin. Hänen pyhät jalkansa pestiin, hänen kaulaansa laitettiin kukkaseppele ja hänen edessään liikuteltiin palavaa kamferiastiaa. Kun Äiti käveli hallin poikki, hän kosketteli ihmisiä ohittaessaan heidät. Hän hieroi jonkun rintakehää, silitti hellästi jonkun hiuksia, vilkaisi rakastavasti, taputti poskelle tai hymyili jollekukulle. Kaikilla näillä pienillä eleillä oli suuri vaikutus niihin, jotka saivat kokea niitä. Äidin kosketus, katse tai hymy sai ihmiset usein nauramaan iloisesti, kun taas toiset itkivät liikutuksesta. Esimerkiksi Äidin rakkautta säteilevä katse tai pelkkä kosketus saattoi täyttää jonkun koko olemuksen niin suurella ilolla ja mielenrauhalla, että tämä etsiytyi syrjään ollakseen vain itsekseen ja vaipuakseen meditaatioon. Toisten kasvot, jotka näyttivät stressin ja kärsimyksen seurauksena kireiltä ja pingottuneilta muuttuivat selvästi sillä hetkellä, kun he kohtasivat Äidin. Ohjelma alkoi kello seitsemän illalla. Bhajanit päättyivät lauluun *Omkara Divya Porule.*

Omkara Divya Porule

Tulkaa pian, rakkaat lapseni!
Te olette Om-mantran ydin.
Heittäkää pois kaikki surunne,
kasvakaa jumalallisiksi ja sulautukaa Om-tavuun.

Lapseni, saatatte kompastella,
mutta Äiti kävelee vierellänne,
herättäen teidät tiedostamaan ikuisuuden.

Rakkaat lapset, muistakaa aina sydämessänne,
että Jumala on rakkaus.
Kun te meditoitte rakkauden ilmentymää,
teistä itsestänne tulee tuo rakkaus.

Äiti vaihtoi kertosäkeen "Om-mantraan".

Laulu päättyi soinnukkaaseen Om-mantran resitointiin, johon kaikki osallistuivat. Resitointi kesti yli viisi minuuttia. Kuulosti siltä kuin Äiti olisi johdattanut paikalla olijat korkeimman totuuden maailmaan, pyhän Om-tavun, alkusoinnun valtakuntaan.

Viattoman rakkauden osoitus

Kello oli kolme aamulla, kun darshan vihdoin päättyi. Äiti nousi tuoliltaan ja käveli hitaasti hallista. Hän kosketti hellästi jokaista, joka odotti hänen kulkureittinsä varrella. Sää oli kolea. Amritatma odotteli Äitiä auton vierellä. Seisoessaan siinä hän sai todistaa jotain hyvin liikuttavaa. Hallin eteen oli kaivettu kuoppa korjaustöitä varten. Leveä, puinen lankku toimi siltana kuopan yli. Lankku oli vahva, mutta näytti karhealta ja likaiselta. Vaikka ulkona oli koleaa, Ken Goldman riisui takkinsa ja peitti sillä lankun pään huolellisesti Äidin kulkua varten. Nähdessään, ettei takki peittänyt koko lankkua hänen vaimonsa Judy riisui myös välittömästi takkinsa ja laittoi sen Kenin takin vierelle. Mutta likaista lankkua näkyi edelleenkin.Vanhempiensa innoittamina pariskunnan kaksi pikkupoikaa riisuivat pienet takkinsa ja asettelivat ne huolellisesti paljaaksi jääneen alueen yli.

Kun Äiti tuli ulos ja hän näki neljä takkia lankun peittona, hän sanoi: "Lapset, mitä tämä tarkoittaa? Miksi te likaatte hyvät vaatteenne? On hyvin koleaa. Olkaa kilttejä, ottakaa takkinne ja pukekaa ne päällenne. Tämä keho kasvoi hyvin vaikeissa ja karuissa olosuhteissa, joten Amma voi helposti sopeutua kaikenlaisiin tilanteisiin. Amma ei tarvitse mitään erikoiskohtelua." Äiti kumartui nostaakseen ylös heidän takkinsa, mutta Ken ja Judy polvistuivat hänen eteensä ja sanoivat: "Amma, ole ystävällinen, puhdista vaatteemme jalkojesi kosketuksella, niin että pukiessamme takit jälleen päällemme, myös me puhdistumme." Kun Ken ja Judy katsoivat Äitiä, heidän kaksi lastaan seisoivat Äidin vieressä nojaten häneen. Äiti hymyili ja kietoi hyvin lempeästi koko perheen syliinsä. Ja vastaten heidän rukoukseensa hän käveli vaatteiden yli ja meni autoon. Onnellinen perhe poimi takkinsa ja puki ne päälleen.

Autossa Äiti sanoi: "Se mitä nuo lapset tekivät, muistuttaa Ammaa siitä minkälaisen grihasthasrami[5] -perheen pitäisi olla. Kun poikani riisui takkinsa ja levitti sen lankun yli, hän oli valmis uhraamaan takkinsa ja palelemaan kylmässä, koska hän piti Amman jalkojen suojelemista dharmanaan, velvollisuutenaan. Kun vaimo

---

[5] Grihastrhasrami, vaikka elääkin perheellisenä, on vihkiytynyt henkiseen elämään.

huomasi, ettei miehen takki ollut tarpeeksi suuri, myös hän riisui takkinsa tuntiessaan, että hänen dharmansa oli saattaa päätökseen se, mikä hänen mieheltään oli jäänyt kesken. Mutta kun hänenkään takkinsa ei ollut tarpeeksi suuri, astuivat molemmat lapset esiin ja saattoivat päätökseen työn, jonka heidän vanhempansa olivat aloittaneet. Tällä tavalla, ihanteen innoittamana, koko perhe tuki vilpittömästi toinen toistaan suorittaakseen loppuun tehtävän, jonka he uskoivat olevan heidän dharmansa. Vaikka tapaus oli näennäisesti pieni, jokainen uhrasi jotain tehdäkseen jonkun toisen onnelliseksi. Tämä ei tarkoita sitä, että Amma tarvitsi noita takkeja suojaa-maan lankkua, mutta hänen sydämensä suli heidän tekonsa vuoksi. Amma tunsi niin paljon rakkautta noita lapsia kohtaan!

Meidän tulisi kehittää tällaista suhtautumista, ei vain Ammaa kohtaan, vaan kaikkia kohtaan. Meidän tulisi rakkaudella tehdä työtä yhdessä ja tukea toisiamme kaikkien yhteiseksi hyväksi, koko yhteiskunnan kohot-tamiseksi. Se on meidän dharmamme ja se voi viedä meidät elämän korkeimpaan tavoitteeseen, Itseoivallukseen. Tällaisen asenteen tulisi alkaa perheistä."

Hämmästyttävä armo

Seuraavana päivänä Äiti lopetti darshanin kello neljältä aamulla.

Ihmiset olivat istuneet tunnista toiseen Äidin ympärillä tuijottaen taukoamatta Hänen säteileviä kasvojaan, jotka näyttivät joka hetki täydellisen raikkailta, heille uusilta ja kuitenkin niin valtavan tutuilta. Tunti-kaupalla he olivat juoneet hänen jumalallisen rakkautensa ehtymättömästä maljasta, liikahtamatta paikoiltaan paitsi käydessään darshanissa.

Lopulta Äiti nousi tuoliltaan ja aikoi juuri lähteä kävelemään ovea kohden, kun hän äkkiä pysähtyi ja katsoi hallin takaosaan. Hän kutsui: "Mol (tyttäreni)!" Kaikki kääntyvät katsomaan nähdäkseen ketä Äiti kutsui. Äiti sanoi uudestaan: "Mol, tule!" Hetken kuluttua nuori nainen kiiruhti Äidin luo. Äänekkäästi itkien hän lyyhistyi Äidin jalkojen juureen. Nainen nyyhkytti hillittömästi sanoen: "Äiti!

Äiti!" Jotkut aikoivat vetää hänet pois, mutta Äiti pysäytti heidät sanomalla: "Älkää! Antakaa hänen olla. Hän kärsii valtavasti. Antakaa hänen tyhjentää surunsa." Niin he seisoivat sivussa ja seurasivat tapahtumaa ääneti. Joitakin minuutteja kului. Nainen oli yhä pää painuksissa Äidin jalkojen juuressa itkien vuolaasti. Br. Amritatma ja jotkut muut tulivat kärsimättömiksi. He astuivat esiin ja pyysivät naista nousemaan ylös. Tällä kerralla Äiti ei sanonut mitään, vaan pysäytti heidät ankaralla katseella. Taas kului joitakin minuutteja ja sitten nainen nousi hitaasti ja jäi polvilleen Äidin eteen. Hän liitti kätensä yhteen kunnioituksen osoitukseksi ja katsoi Äitiä kasvoihin. Hän yritti sanoa jotain kyyneltensä läpi, mutta ei kyennyt tekemään sitä voimakkaiden tunteidensa vuoksi. Äiti hymyili hänelle ja katsoen häntä valtavan myötätuntoisesti veti hänet lähelleen. Jälleen nainen alkoi itkeä. Äiti sulki silmänsä ja näytti liukuvan toiseen maailmaan. Hän hyväili naista, silitti hänen hiuksiaan ja lausuili pehmeästi: "Mol... mol..."

Sitten Äiti sanoi hänelle hellästi: "Rakas tyttäreni, lapseni, älä itke. Amma tuntee sinun sydämesi hyvin!" Jossakin vaiheessa jotkut tapahtumaa seuranneet huomasivat Äidin pyyhkivän kyyneleitä omista silmistään. Nähdessään sen monet puolestaan eivät kyenneet pidättelemään omia kyyneleitään.

Tämä muistuttaa meitä siitä, mitä Äiti on sanonut: "Kun olette Amman lähellä, Hänestä tulee te. Amma on kuin peili. Hän ainoastaan heijastaa lastensa sisäisiä tunteita."

Lopulta nainen rauhoittui. Äiti halasi häntä vielä kerran, suuteli häntä hellästi molemmille poskille ja sen jälkeen hän käveli hitaasti ulos hallista.

Kun Äiti lähti hallista hän kosketti ohimennessään jokaista lempeästi. Hänen rakkautensa täytti ilmapiirin. Eräs nainen alkoi spontaanisti laulaa laulua "Amazing Grace" (Hämmästyttävä armo), johon kaikki yhtyivät. Sitten Äiti, joka on kaiken armon todellinen lähde, astui autoon ja lähti pois.

Seuraavana päivänä sama nainen, joka oli niin vuolaasti itkenyt Äidin jalkojen juuressa, kertoi Br. Amritatmalle mitä hänelle oli tapahtunut. Hän oli tullut saliin juuri ennen kuin ohjelma alkoi ja istunut salin takaosassa seuraten koko ajan tapahtumia Äidin antaessa darshania. Hänellä itsellään ei ollut aikomustakaan mennä Äidin luo ja hänellä oli syy päätökselleen. Menneisyydessä hän oli tehnyt vakavia erehdyksiä. Hän ajatteli niiden olevan anteeksiantamattomia ja tunsi siksi valtavaa syyllisyyttä. Tarkkaillessaan Äitiä ja katsellessaan hänen jokaista kohtaan osoittamaansa rajatonta rakkautta, nainen ajatteli olevansa niin syntinen, ettei hänen kaltaisensa ansainnut sellaista rakkautta. Päätettyään olla menemättä darshaniin hän oli vain istunut ja itkenyt koko ohjelman ajan. Mutta Äiti näki tämän ja kutsui häntä tilaisuuden lopussa, koska tiesi kaiken hänen sisäisestä tuskastaan.

Muutamia päiviä myöhemmin matkalla ilta-ohjelmaan Br. Amritatma kysyi Äidiltä, miksi hän oli odottanut tuona yönä aivan ohjelman loppuun ennen kuin kutsui naista.

Äiti: "Istuessaan Amman läheisyydessä ja kat-seltuaan Ammaa niin kauan tuo tytär tuli tietoiseksi kantamastaan kauheasta kuormasta ja syyllisyydestä, ja tämä tietoisuus kannusti häntä tyhjentämään sen kaiken ulos päästäkseen siitä vapaaksi. Syvä tunne Amman rakkaudesta, jota hän koki istuessaan hallin takaosassa, auttoi häntä purkamaan sisäisen tuskan. Kyyneleet huuhtoivat syyllisyyden pois, ja kun Amma kutsui häntä, hän oli vihdoin valmis vapautumaan ja löytämään kaipaamansa rauhan. Tätä ei olisi tapahtunut jos Amma olisi kutsunut häntä darshanin alussa. Hän tarvitsi tietyn verran aikaa ennen kuin oli valmis avautumaan. Kaiken on tarkoitus tapahtua tietyllä tavalla, ainoastaan siten vaikutus on pysyvä.

Syntinen, niin - mutta todellisuudessa syntisiä ei ole olemassakaan, sillä valaistumisen tila on kätkeytyneenä jokaisessa ihmisolennossa, jopa kaikkein pahimmassa 'syntisessä'. Se vain on odottamassa oikeaa hetkeä noustakseen esiin. Siten synnistä ei ole olemassa, sillä on vain *atman*, Korkein Itse. Amma käyttää sanaa 'syntinen' vain selittäessään jotakin.

Syntinen voi löytää rauhan vain suuren mestarin läheisyydessä, sillä vain mestarin lähellä mieli kykenee virtaamaan vapaasti. Kaikki synnit sulavat pois tuossa ehdollistumattoman rakkauden ilmapiirissä. Mielen suljettu pato avautuu ja sallii kovettuneen mielen ja sen tunteiden pehmentyä ja virrata pidättelemättä. Tuo tytär oli jäänyt oman tuskansa ansaan. Hänellä ei ollut ollut koskaan mahdollisuutta vapautua surusta ja syyllisyydestä, jotka olivat juuttuneet hänen mieleensä. Koska vapautumisen edellyttämiä olosuhteita ei ollut aikaisemmin ilmennyt, niinpä tuska oli jäänyt syvälle piiloon hänen sisimpäänsä.

Yrität peittää kärsimyksesi erilaisilla ajatuksilla, tavaroilla ja nautinnoilla. Hankit esimerkiksi uuden auton tai uuden talon, löydät uuden poika- tai tyttöystävän. Kun jatkat tällä tavalla tuskasi piilottamista, rakennat itseasiassa uusia sekasorron kerrostumia vanhojen päälle, ja ikääntyessäsi kipusi vain kovenee, siitä tulee vahvempi ja sen otteesta salakavalampi. Menet psykoterapeutille, mutta voiko hän tehdä mitään? Hän on itse oman mielensä ansassa. Hän voi ainoastaan auttaa sinua hautaamaan ahdistuksesi yhä syvemmälle. Ahdistus pysyy sisälläsi etkä pääse siitä irti. Jos auttajan oma tietoisuus ei ole korkeammalla tasolla kuin autettavan, ei muutosta, saati paranemista voi tapahtua. Tärkeintä on auttajan oma tietoisuuden taso. Itsen oivaltanut on tietoisuuden korkeimmalla tasolla. Hän on saavuttanut korkeimman huipun. Siksi kaikki surut poistuvat hänen läheisyydessään ja psyykkiset haavat paranevat spontaanisti.

Vain *satguru* (Itsen oivaltanut mestari), voi lahjoittaa tarvitsemasi armon ja luoda oikeat olosuhteet, jossa kipusi paljastuu. Ja näin täsmälleen tapahtui. Naisen kivulta riisuttiin naamio. Amman läsnäolo auttoi häntä keventämään syyllisyyden taakkaa, jota hän oli raahannut mukanaan niin kauan.

Syyllisyytesi raskas taakka on kuin tulehtunut haava, joka märkii sisälläsi. Parhaiten pääset siitä vapaaksi, kun tulet siitä täysin tietoiseksi. Ja se voi tapahtua ainoastaan todellisen mestarin läheisyydessä. Mestari paljastaa sinulle syvät haavasi, jotka jäytävät sisintäsi. Koska nämä haavat voisivat tuhota koko elämäsi, hän auttaa sinua tiedostamaan, miten vakavia vahinkoja nämä haavat voisivat aiheuttaa. Hänen rajattoman rakkautensa ja myötätuntonsa avulla nuo haavat lopulta paranevat. Amma on kuullut tarinan, joka ehkä auttaa sinua ymmärtämään tämän.

Kerran eräs rikas mies kärsi kohtuuttoman suuresta työtaakasta ja ylirasituksesta. Sen seurauksena hän kadotti täysin mielenrauhansa. Hän kävi erilaisilla lääkäreillä ja parantajilla etsimässä ratkaisua vaivaansa. Kaikki, mukaan lukien hänen ystävänsä, kehoittivat häntä vetäytymään työstä ja lepäämään, pysymään kotona ja nauttimaan rauhallisesta elämästä. Mutta nämä neuvot, enempää kuin lääkkeetkään eivät näyttäneet auttavan häntä. Eräänä päivänä hän kuuli suuresta pyhimyksestä, joka asui syrjäisessä luolassa. Hän oli niin epätoivoinen, että päätti lähteä mestarin luo. Pitkän ja vaivalloisen matkan jälkeen hän saapui lopulta perille. Vaikka ilma oli hyytävän kylmää, pyhimys istui luolassa alasti. Ääneti hän viittasi vierasta istumaan viereensä. Sitten hän sulki silmänsä ja vaipui *samadhiin*. Pyhimys pysyi tuossa tilassa kolme päivää. Vierailija istui kärsivällisesti jääkylmässä luolassa ilman ruokaa ja unta - niin valtava oli hänen halunsa vapautua tuskasta. Kolmantena päivänä pyhimys avasi silmänsä ja sanoi hänelle: 'Vetäydy työstä ja lepää. Pysy kotona ja nauti rauhallisesta elämästä.' Mies kuunteli mitä pyhimys sanoi ja palasi sitten kotiinsa.

Muutaman päivän kuluttua ystävät tulivat tapaamaan miestä. He olivat yllättyneitä nähdessään kuinka rauhalliselta ja tyytyväiseltä tämä näytti. He hämmästelivät, kuinka niin täydellinen muutos oli voinut tapahtua niin lyhyessä ajassa. Kun hän kertoi käynnistään pyhimyksen luona ja sen mitä pyhimys oli sanonut, he huudahtivat: 'Mutta täsmälleen sitähän me olemme ehdottaneet sinulle koko ajan!' Mies hymyili ja sanoi: 'Ehkäpä nuo olivat käyttämänne sanat. Mutta kuullessani nuo samat sanat todelliselta mestarilta, oivalsin yhtäkkiä niiden oikean, sisäisen merkityksen. Kun mestari lausui nuo sanat, minulle paljastui jotakin uutta. Minulle selvisi, että 'vetäydy työstä ja lepää' tarkoittaa vetäytymista aistien moninaisesta maailmasta. Ja 'pysy kotona ja nauti rauhallisesta elämästä' tarkoittaa Itsessä olemista, kaiken näkemistä Jumalan ilmenemismuotoina. Mestarin läsnäolo ja hänen sanojensa takana oleva voima poistivat kaikki pelkoni ja kireyteni. Vihdoinkin saan kokea todellista mielenrauhaa. Lapset, vain Itsenoivaltaneen mestarin läsnäolo saa aikaan pysyvän muutoksen. Kuitenkin sekä tuo tytär että tarinan mies saavuttivat mielenrauhan vasta sen jälkeen, kun he olivat itse ensin ponnistelleet riittävästi. Itse asiassa varsinaista ponnistelua ei ole, koska siihen ei ole pakotetta. 'Ponnistelu' on vaivatonta ja 'ponnistelematonta'- kaikki vain tapahtuu: Sydämen portit avautuvat päästäen mestarin armon virtaamaan sisään ja tuomaan uutta valoa ja voimaa elämäänne."

Se mitä Äiti sanoi naisesta osoittautui todeksi. Pian sen jälkeen hän tuli takaisin tapaamaan Äitiä ja kertomaan hänelle olevansa nyt kuin eri ihminen. Ensimmäistä kertaa vuosiin hän oli rentoutunut ja sovussa itsensä kanssa.

Amritatma kysyi Äidiltä vielä: "Amma, sinä olisit voinut poistaa hänen tuskansa pelkällä jumalallisella päätökselläsi ilman, että hänen olisi tarvinnut itkeä niin kauan. Miksi et tehnyt niin?"

Äiti: "Poikani, näin täsmällisesti ottaen tapahtuikin. Amman *sankalpa* oli toiminnassa - se on aina toiminnassa. Minkä luulet ensisijassa innostaneen naista tulemaan Amman luo? Ja jos hän olisi tullut omasta päätöksestään, hän olisi saattanut lähteä pois samantien, sen sijaan että hän nyt istui hallin takaosassa itkien koko darshanin ajan. Mikä sai hänet istumaan niin kauan? Ja lopuksi, mikä sai hänet avautumaan siinä määrin kuin hän teki? Luuletko, että tämä kaikki olisi voinut tapahtua ilman Amman *sankalpaa*? Naisen oma ponnistelu ei olisi ollut riittävä. Kaiken takana on jumalallinen armo ja *sankalpa*.

Tilanteet, jotka saavat sinussa aikaan avautumisen ja sisäisen kehityksen, tapahtuvat ainoastaan Jumalan tai Gurun jumalallisesta tahdosta. Mikään ei ole sattumaa, meidän tulisi huomata tämä."

Ensimmäinen Devi-Bhava

Ensimmäinen *Devi-bhava* pidettiin Earlin talon olohuoneessa, pienessä temppelissä, joka oli tehty tätä tilaisuutta varten. Aikaisin aamulla ennen *Devi-bhavaa* Br. Amritatma esitti Äidin elämäntarinan perinteisessä *katha*-muodossa, johon laulut liittyvät kiinteänä osana. Kaikki olivat syvästi liikuttuneita, useimmat erityisesti siksi, että he olivat juuri tavanneet Äidin eivätkä tienneet mitään hänen ainutlaatuisesta elämästään. Talo oli täpö täynnä. Ihmisiä oli kaikkialla talossa ja ulkona puutarhassa. Kuvaelman jälkeen ihmiset istuivat olohuoneessa suljetun temppelin edessä odottamassa *Devi-bhavan* alkamista. He eivät tienneet mitä oli tulossa. Heille oli kerrottu, että Äiti aikoi kouriintuntuvaisemmin paljastaa ykseytensä Jumalallisen Äidin kanssa.

Äiti oli kerran sanonut muutamille seuraajilleen: "Jos voisitte nähdä todellisen Amman sellaisena kuin hän on, se musertaisi teidät - ette kestäisi sitä. Siksi Amma aina peittää itsensä *mayan* (harhan), paksulla kerroksella. Mutta *Devi-bhavan* aikana Äiti poistaa yhden tai kaksi verhoa ja paljastaa näin hieman enemmän, mitä Amma todella on."

Tuona yönä, joka oli Äidin ensimmäinen *Devi-bhava* lännessä, brahmacharit päättelivät hänen poistaneen tavallista useampia verhoja. Se oli unohtumaton yö kaikille, jotka olivat paikalla.

Erilaisista silkkisareista tehty esirippu avautui yhtäkkiä ja brahmacharit alkoivat resitoida Durga Sukthamia[6] kuten aina jokaisen Devi-bhavan alussa tehdään.

Äiti istui tuolissa kauniiseen, syvän vihreään silkkisariin pukeutuneena. Päässä hänellä oli Devin, Jumalallisen Äidin, perinteinen kruunu. Ihmiset olivat haltioissaan näkemästään. Äidin sanoin kuvaamaton jumalallisuus on päivädarshanissakin selvästi nähtävissä ja aistittavissa, mutta nyt se paljastui vieläkin voimak-kaampana. Hänen kasvonsa sädehtivät vertaansa vailla olevaa Jumalallisen Äidin

---

[6] Mahanarayana Upanishad.

voimaa, kauneutta ja myö-tätuntoa. Ja tuo säteily täytti koko huoneen kuin ihanin suitsuke. Äiti oli niin täynnä jumalallista energiaa, että hänen kehonsa värähteli voimaa silmin nähtävästi ja sitä kesti koko *Devi-bhavan* ajan aamun pikkutunneille asti.

Ihmiset menivät yksi kerrallaan Äidin eteen ja saivat hänen siunauksensa. Äidin koskettaessa he saivat välittömän kokemuksen yliluonnollisesta voimasta, joka oli hienoviritteistä ja kuitenkin äärettömän tehokasta. Jotkut ihmiset kertoivat, että heistä tuntui kuin heidät olisi ladattu sähkövirralla, joka oli äärimmäisen rauhoittavaa ja ylevöittävää. Jotkut kokivat puhdistuneensa kieltei-syydestään. Toiset siirrettiin yliluonnollisen tietoisuuden tilaan, ajan ja tilan tuolle puolen. Monet lauloivat ja tanssivat ilosta koko yön. Brahmacharit istuivat ja lauloivat bhajaneja temppelin edessä. *Bhava-darshanin* alussa he lauloivat laulua *Jaya,Jaya Devi Dayamayi Ambe.*

Jaya, Jaya Devi Dayamayi Ambe

Voitto Äidille, joka on täynnä lempeyttä!
Oi Äiti, anna minulle valtamerenkaltaisen
myötätuntosi autuus!
Ilmaise vedat Sinun palvelijoillesi,
Oi jumalattareni, Amritanandamayi.

Tulevatkin syntimme ja pelkomme tuhotuvat,
kun muistamme Sinun lootuskukkakasvosi.
Oi jumalattareni Amritanandamayi,
joka olet puhdas dharma,
ja annat suosiotasi.

Oi Äiti,
joka kehotat meitä luopumaan
katoavan maailman mukavuuksista.
Devi, maailmankaikkeuden Luoja,
luonnoltasi itse puhtaus.
Oi jumalattareni Amritanandamayi.

*Oi Sinä antautuneiden
palvoma suuri pyhä.
Puhdas valloittava hymy kasvoillasi,
Sinä oleilet korkeimmassa tilassa,
halujen koskemattomissa.
Oi, Amritanandamayi.*

*Olet syntynyt viisauden jumalattarena
vapauttaaksesi meidät tästä surun
täyteisestä maailmasta.
Oi, Amritanandamayi,
lähettäköön pyhät jalkasi loistokkuuttaan
sydämiimme ikuisesti.*

*Olet syntynyt kärsivien vuoksi,
pyhänä päämääränäsi toisten hyvinvointi.
Oi, jumalattareni Amritanandamayi,
joka olet Devi ihmisen kehossa,
ja kuitenkin todellinen luontosi on korkein tietoisuus.*

*Opetat meitä erottamaan Itsen
ei-Itsestä,
niin että mielemme puhdistuvat.
Ollen syventynyt Atmaan
Sinun suloiset sanasi soljuvat
nektarivirtana,
Oi, Amritanandamayi.*

Devi-bhavan lopussa Äiti nousi ja käveli pyhäkön eteen. Hän seisoi ihmisten edessä kädet täynnä kukkien terälehtiä, joita hän heitti jokaisen päälle palvoen siten Korkeinta meissä kaikissa. Ja siinä seisoessaan hän huojutti hieman kehoaan puolelta toiselle. Samassa hänessä tapahtui silminnähtävä muodonmuutos. Br. Amritatmasta näytti, että Äiti oli äkkiä kasvanut suuremmaksi ja että hänen kasvonsa olivat aivan erilaiset. Vaikka rajaton myötätunto yhä loisti

45

hänen silmissään, Br. Amritatma ei enää nähnyt edessään suloista, lempeää Äitiä, vaan äärettömän voimakkaan Devin, Kaikkeuden Äidin kunnioitusta herättävän, persoonattomamman muodon. Ja Äidin paljastaessa tämän olomuodon rajattoman monista olemuspuolistaan Amritatma ja toiset brah-macharit lauloivat laulun *Om Bhadrakali.*

Om Bhadrakali

Om Bhadrakali
Oi jumalatar, joka annat meille turvan!
Lumoojatar ja Äiti,
siunaa minut!
Oi Jumalatar, joka surmasit
demonit Candan ja Mundan,
pyydän, suojele rakkaudellasi omiasi
ja tee heidät onnellisiksi!

Me kumarramme Sinun kultaisin
nilkkaketjuin koristeltuja lootusjalkojasi.
Oi, Chandika, kaunis,
suurenmoinen tanssija,
siunaa meidät armollisella katseellasi!

Oi urhoollinen Bhairavi,
joka irroitit demoni Darikan pään.
Etsiytyessämme turvaan jalkojesi juureen,
laulamme Sinun ylistystäsi!
Armon valtameri,
Sinun edessäsi me kumarrumme.

Carmel

Kaikkitietävä Äiti

Carmelissa iltaohjelma pidettiin Naisten klubin salissa. Äiti asui Nealun ja Earlin serkun Ron Gottsegenin luona. Ron, joka oli viisissäkymmenissä ja omisti hyvin menestyvän elektroniikka-alan yrityksen, tunsi en-simmäisestä hetkestä lähtien syvää vetovoimaa Äitiin. Iltapäivällä ennen iltaohjelmaa Äiti istui yksin suurella nurmikolla Ronin puutarhassa. Amritatma liittyi hänen seuraansa ja istuutui hänen viereensä. Äiti sanoi: "Ronilla on todellisen etsijän ominaisuudet. Eräänä päivänä hän luopuu kaikesta. Hän on minun poikani." Juuri niin tapahtuikin. Myöhemmin Ron osti maata San Ramonista ja lahjoitti sen Äidille rakkauden osoituksena. Sinne rakennettiin myöhemmin Äidin Kalifornian ashram. Ron tuli myöhemmin olemaan vastuussa Äidin Ernakulamin erikoissairaalan suunnittelusta. Hän jäi pysyvästi asumaan Äidin luo Intiaan.

Seattle

Seattlessa Äiti asui Hoffmanien luona. Ensim-mäinen iltaohjelma pidettiin heidän talossaan.

Äiti oli alkanut kirjoittaa lyhyitä kirjeitä jokaiselle Vallickavun ashramin vakituiselle asukkaalle saavuttuaan Yhdysvaltoihin. Hän tiesi kuinka paljon he kärsivät ollessaan hänestä erossa. Sen pienen vapaa-ajan, mikä Äidillä oli aamu- ja iltadarshanien välissä, hän käytti kirjeiden kirjoittamiseen.

Eräänä iltana Äiti sanoi: "Aamumeditointi on juuri päättynyt ashramissa Intiassa. Amma näkee lapsensa yhdessä istumassa meditaatiohallin edessä. He ajattelevat Ammaa ja ovat hyvin surullisia. Jotkut itkevät, koska he kaipaavat Ammaa niin paljon!" Äiti mainitsi nimeltä ne, jotka itkivät. Sitten hän sulki silmänsä ja istui hiljaa kyynelten vieriessä hänen poskilleen.

Darshanin päätyttyä sinä iltana Äiti esitti toiveen saada puhua kaikille Intian ashramin asukkaille. Niinpä he soittivat Mahadevalle. Hän on Äidin seuraaja, joka asui Alleppeyn kaupungissa lähellä ashramia. Sovittiin, että kaikki ashramilaiset tulisivat hänen luokseen seuraavana päivänä samaan aikaan.

Seuraavana yönä iltaohjelman jälkeen, Äiti soitti Alleppeyin ja puhui lapsilleen, jotka olivat tulleet sinne ashramista. He odottivat innokkaina kuullakseen hänen äänensä. Äiti kysyi heiltä olivatko he surullisia. He kertoivat olleensa erikoisen surullisia päivää aikaisemmin. He olivat istuneet meditaatiohallin ulkopuolella aamumeditaation jälkeen ajatellen Äitiä ja itkien - ja nyt hän soitti heille! Äiti pyrki lohduttamaan heitä myötätuntoisin sanoin. Hän vakuutti olevansa aina heidän kanssaan ja kertoi nähneensä heidät edellisenä päivänä. Lopulta hän laski kuulokkeen alas. Hän kertoi kuinka surullisia hänen ashramin lapsensa olivat ja kuinka hänen sydäntään särki, kun hän kuuli puhelimessa heidän kutsuvan Ammaa.

Oli selvää, että hänen lastensa syvä kaipuu Intiassa oli saanut Äidin reagoimaan näin ja ottamaan heihin yhteyden.

Äidin kyynelten merkitys

Saatatte ihmetellä miksi Äidin kaltainen suuri mestari joskus itkee. Kerran Br. Srikumarin (Swami Purnamritananda) oli oltava poissa Äidin luota. Kun Äiti sitten luki häneltä saamaansa kirjettä, Br. Amritatma huomasi hänen itkevän. Kirje sisälsi laulun nimeltä *Arikullil*, jonka Srikumar oli kirjoittanut:

Arikullil

Aurinko on laskenut läntiseen valtamereen,
päivä on aloittanut vaikerointinsa.
Se on vain maailmankaikkeuden arkkitehdin leikkiä.
Voi, miksi masentuisitte,
te sulkeutuvat lootukset?

Tämä maailma, joka on täynnä surua ja kurjuutta,
on vain Luojan, Jumalan näytelmää.
Ja minä, sivustakatsoja, olen vain nukke
Hänen käsissään,
tarkkailen, mutta minulla ei ole kyyneleitä mitä vuodattaa.
Erossa Sinusta
palan kuin liekki.
Mieleni palaa palamistaan.
Heittelehdin sinne tänne
tässä surun valtameressä
kykenemättä löytämään rantaan.

Kun Amritatma näki Äidin kyyneleet, hän ihmetteli: "Kuinka Äiti, joka on kaikkien tunteiden yläpuolella, voi itkeä tuolla tavoin?" Kun hän myöhemmin kysyi tätä, Äiti vastasi: "Poikani, Äiti tunsi tuossa Srimonin (poikani Srin) kirjoittamassa kirjeessä ja laulussa hyvin voimakkaasti hänen viattoman kaipauksensa. Amma vain heijastaa aina kaiken niin kuin peili ja Srimonin viattomuuden peilikuva sai Amman itkemään. Kun itket tai naurat peilikuva peilissä tekee samoin. Samalla tavoin korkeimman Itsen tilassa tulet helposti tuoksi toiseksi, mutta kyseessä ei ole kiintymys, koska samaistumisesi on pelkästään peilikuva. Et tarraudu tai samaistu mihinkään. Todellinen mestari vastaa seuraajiensa ja oppilaidensa kutsuun, mutta vastaus riippuu kutsun syvyydestä. Se riippuu kutsujan uskosta ja rakkaudesta mestariin.

Jokainen on osa universaalia tietoisuutta. Joten kutsuessasi Jumalaa sydämesi syvyyksissä, tuon kutsun värähtelyt heijastuvat suuressa sielussa (mahatmassa), joka on yhtä tuon Tietoisuuden kanssa - ja näin vastaus ilmenee. Saatat nähdä kyyneleitä Amman silmissä, mutta älä erehdy luulemaan niitä surun kyyneleiksi. Ne ovat yksinkertaisesti vain vastaus viattomaan kutsuun 'linjan toisesta päästä.'

Sri Rama itki, kun demoni Ravana vei Sitan pois. Hän kysyi jopa linnuilta, eläimiltä, puilta ja kasveilta olivatko ne nähneet hänen rakasta Sitaansa. Raman kyyneleet olivat Sitan surun peilikuva tämän tuntiessa eron tuskaa rakastamastaan Jumalasta. Samalla tavoin Sri Krishnan silmät täyttyivät kyyneleistä, kun hän kohtasi suuren palvojansa Sudaman. Kyyneleet Krishnan silmissä olivat Sudaman häntä kohtaan tunteman antaumuksen peilikuva. Myös maallisessa rakkaudessa, mikäli rakkaus on aitoa, havaitsemme jotain tämän kaltaista. Rakas-tavaisten syvät tunteet heijastuvat toisessa. Rakastaja kutsuu ja rakastettu vastaa. Oppilas kutsuu ja mestari vastaa. Palvoja kutsuu ja Jumala vastaa. Mutta vastauksen laatu riippuu kutsun laadusta."

Tilanteista etääntyminen

"Saatu vastaus on kuitenkin vain heijastus, sillä Jumala on kaiken tuolla puolen. Hän on havainnoiva tietoisuus, täydellisesti koskematon ja riippumaton. Tuossa perimmäisessä tilassa, tarkkaillessasi kaikkea tapahtuvaa - kaikkia kokemuksiasi, jotka joudut läpikäymään, olivat nämä sitten hyviä tai huonoja - sinun ja jokaisen tapahtuman välillä on etäisyys.

Olettakaamme, että joku kuolee, ei sinun perheessäsi vaan ystävän perheessä. Menet ystäväsi luokse, istut hänen viereensä ja yrität lohduttaa häntä. Sanot hänelle: 'Ystäväni, älä ole onneton. Tämä kuuluu elämään, joskus meidän kaikkien on kuoltava. Muista, että sielu on ikuinen, vain keho katoaa.' Pystyt sanomaan näin, koska sinun ja tämän ystäväsi elämäntilanteen välillä on etäisyys.

Kuitenkin, jos joku omassa perheesäsi kuolee, asenteesi on täysin erilainen. Silloin suret, koska ongelma on liian lähellä.

Kuuluisa kirurgi, joka on tehnyt tuhansia leik-kauksia, ei operoi vaimoaan tai lastaan, koska on liian kiintynyt heihin. Jos joku hänen perhepiirissään tarvitsee operaation, hän antaa toisen kirurgin tehdä leikkauksen, vaikka hän itse olisi kokenut ja kuuluisa kirurgi. Samoin psykologi on samaistunut liikaa omiin ongelmiinsa kyetäkseen todella analysoimaan itseään tai antamaan neuvoja itselleen. Niinpä hän menee toisen psykologin luokse saadakseen apua. Jivanmukta (vapautunut sielu) sen sijaan havainnoi kaiken mitä hänessä ja hänen ympärillään tapahtuu. Hän saattaa ilmaista erilaisia tunteita, mutta ei ole sidottu tunteisiinsa. Hän on aina täysin läsnä - eikä kuitenkaan ole."

Kauempana kuin kaukaisin, lähempänä kuin lähin

Viimeisen aamuohjelman aikana Seattlessa eräs amerikkalainen seuraaja, joka opiskeli Intian pyhiä kirjoituksia, esitti seuraavanlaisen kysymyksen:

"Upanishadeissa sanotaan, että Paramatman (Korkein Olento) on kaukana ja samalla hyvin lähellä[7]. Olen hämmentynyt. Kuinka jokin voi olla yhtäaikaa hyvin lähellä ja hyvin kaukana? Amma, voisitko selittää tarkemmin?"

Äiti: "Poikani, se joka on kaikkialla, on aina lähellä ja kaukana samaan aikaan. Paramatman on kaikkialla. Me synnymme korkeimman Itsen sisällä. Me elämme siinä, kuolemme siinä ja synnymme uudestaan siinä. Kyse ei ole etäisestä Olevaisesta. Paramatman on todella 'lähempänä kuin kaikkein lähin'. Näennäinen etäisyys johtuu tietämättömyydestä. Niin kaun kuin on tietämättömyyttä, näyttää Itse (Atman), olevan kaukana, poissa, 'kauempana kuin kaukaisin'[8]. Heti kun väärinkäsitys, että olemme keho poistuu, se joka on 'kaukana kuin kaukaisin' tulee 'lähemmäksi kuin lähin.' Oivallamme, että emme ole koskaan olleet poissa Paramatmanista, että olemme aina olleet sen sisällä - se on aina ollut täällä.

Kuvittele seisovasi meren rannalla katsellen horisonttia. Kaukana, tietyssä kohdassa, taivaanranta näyttää sulautuvan valtamereen.

---

[7] Tat dure tadvantike (Se joka on hyvin kaukana on myös hyvin lähellä) - Ishavasyopanishad, 5. säe.

[8] Dorat sudore tadihantike cha (Kauempana kuin kaukaisin, lähempänä kuin lähin.) - Mundakopanishad (3:1:7)

Näyttää kuin taivas kohtaisi siellä maan. Jos kaukaisuudessa näkyy saari, näyttää siltä kuin puut saarella koskettaisivat taivasta. Saatamme ajatella, että jos menisimme saarelle, saa-puisimme maan ja taivaan kohtauspaikkaan. Mutta horisontin saavuttamisen sijaan joutuisimme vain toteamaan, että horisontti onkin vielä kauempana. Liikkuessamme kohti horisonttia se jatkaa etääntymistään, niin ettemme voi koskaan saavuttaa sitä. Kun seisoimme rannalla, taivaanranta näytti koskettavan saarta ja puita, mutta lähestyessämme saarta taivaanranta siirtyi kauemmaksi. Missä tuo horisontti sitten todella *on*? Se on juuri siinä missä sinäkin olet. Sinä ja horisontti olette täsmälleen samassa pisteessä. Samalla tavalla *Paramatma* ei ole jossakin kaukana - vaan meissä. Tosiasiassa sinä itse olet *Paramatman*.

Ihmiset sanovat usein: 'Olen surullinen.' He tarkoittavat, että he *ovat* suru. Kun he tuntevat surua, he ovat uppoutuneet siihen. He alkavat samaistua suruunsa kunnes heistä tuntuu, että he ovat tuo suru.

Paramatman, korkein tietoisuus, on hyvin lähellä. Mutta väärä samaistumisemme kipuun, nautintoihin, suruun, vihaan ja muihin tunteisiin johtuu virheellisestä käsityksestämme, että olemme pikemminkin keho kuin tietoisuus. Siksi koemme etäisyyden. Tällainen samais-tuminen on tietämättömyyttä. Päästyäsi kerran tuosta tietämättömyydestä ja samaistumisesta kehoosi, pääset myös luulosta, että sinulla olisi kipua tai että olisit kipu - sen sijaan olet tietoinen kivusta. Sinusta tulee tapahtumien tarkkailija, joka vain havaitsee kivun tai minkä tahansa aistimuksen. Sinun tietoisuutesi on vapaa siitä, mitä kehollesi tapahtuu. Kun oivallat tämän, *Paramatman* on lähempänä kuin lähin. Mutta sitä ennen *Paramatman* on kauempana kuin kaukaisin. Tämä selittää sen, että kaukana oleva on myös hyvin lähellä.

On olemassa tarina naisesta, jolla oli voimakas halu mennä naimisiin. Vuosien ajan hän oli etsinyt itselleen sopivaa aviokumppania, mutta ei ollut kohdannut oikeaa henkilöä. Lopulta hän luopui toivosta. Hän päätti lohduttautua matkustelemalla ympäri maailmaa. Hän matkusti maasta toiseen ja mantereelta toiselle. Sitten eräänä päivänä asuessaan hotellissa toisella puolen maailmaa hän kohtasi ihanan miehen ja he rakastuivat. Hän osoittautui täydelliseksi sielun kumppaniksi. Mutta he olivat hämmästyneitä ei ainoastaan siitä, että he olivat kotoisin samasta kaupungista vaan myös siitä, että he asuivat samassa kerrostalossa ja heidän asuntonsa olivat vierekkäin. He olivat eläneet seinänaapureina vuosia, eivätkä olleet edes huomanneet toisiaan!

Lapseni, saatat etsiä Jumalaa kaikkialta, mutta et löydä häntä, koska hän on lähempänä sinua kuin voit koskaan edes kuvitella. Hän näyttää olevan kaukana, poissa, vain niin kauan kuin olet tietämätön. Karkota tietämättömyys, irrottaudu kehoon samaistumisesta ja mene sen tuolle puolen. Herää unesta ja ole tietoinen. Silloin oivallat, että Jumala on 'lähempänä kuin lähin.' "

Seattlen ohjelman jälkeen Äiti matkusti takaisin San Fransiscoon.

Ganesha

Aamulla Äiti, brahmacharit ja brahmacharinit lähtivät Bay Arealta jatkaen matkaa pienellä matka-iluvaunulla, jonka Dennis ja Bhakti Guest olivat antaneet Äidille Mt. Shastan (missä sijaitsee samanniminen pyhä vuori) matkaa varten. Vaunussa ei ollut tarpeeksi tilaa, mutta heillä oli niin voimakas halu olla Äidin kanssa, että onnistuivat jotenkin ahtautumaan siihen. Matkalla Mt. Shastaan Äiti pysähtyi pienessä Mirandan kaupungissa. Hänellä oli viikonlopputilaisuus hotellissa, jonka ympärillä oli valtavia mammuttipetäjiä. Äiti vieraili Ken ja Judy Goldmanin kutsusta heidän matkailuvaunussaan, melko lähellä ohjelmapaikkaa.

Goldmanien kaksi pikkupoikaa tunsivat suurta vetovoimaa Äitiin. Vierailun aikana he seurasivat häntä kaikkialle. Äiti opetti heitä laulamaan. Ja toistamalla Äidin jälkeen jokaisen säkeen he lauloivat hyvin innoissaan *Devi Devi Devi Jaganmohinin*.

53

Devi Devi Devi Jaganmohini

Oi, jumalatar
maailman lumoojatar,
Chandika,
joka surmasit demonit Chandan ja Mundan!
Oi, Chamundesvari
Jumalallinen Äiti,
viitoita meille oikea tie
sielunvaelluksen valtameren yli.

Pojat pyysivät Äitiä mukaansa leikkimään. Äiti ei voinut torjua heidän vilpitöntä pyyntöään ja niin hän leikki jonkun aikaa heidän kanssaan. Myöhemmin kun Äiti istui perheen parissa, hän kysyi pojilta: "Tahdotteko olla aikuisinakin yhtä vilpittömiä ja rakastavia kuin nyt?" Pojat nyökkäsivät heti vakuuttavasti.

Judy Goldman oli niin liikuttunut Äidin läsnäolosta, että hän puhkesi kyyneliin eikä pystynyt lopettamaan itkuaan. Ken oli hyvin innokas näyttämään Ganesha-kokoelmansa Äidille. Äiti katseli Ganeshoja hyvin kiinnostuneena. Hän kurkotti hyväilemään hellästi erään patsaan isoa vatsaa ja huomautti nauraen: "Mikä nälkäinen mies hän onkaan! Hänellä on koko universumi vatsassaan!"

Osoittaen elefanttijumalan pyöreää vatsaa Äiti sanoi: "Tämä suuri vatsa symboloi tosi etsijän tyy-dyttämätöntä totuuden nälkää. Ganeshan suuret korvat edustavat *shraddhaa, sadhakan* (etsijän) kykyä kuulla ja omaksua ylevät henkiset periaatteet. Kärsällään norsu kykenee nostamaan suuren puun juurineen ja poimimaan myös pienen neulan. Joten Ganeshan kärsä kuvaa *sadhakan* kykyä oivaltaa tämän karkean maailman kuin myös toisen, hienojakoisemman maailman periaatteet.

Ganeshan edessä kuvattu hiiri edustaa haluja. Kuten yksi pieni hiiri voi tuhota kokonaisen sadon, voi yksikin halu tuhota kaikki hyveemme. Mutta Itsen oivaltanut sielu (Ganesha) hallitsee täydellisesti mieltään ja halujaan. Siksi hän ratsastaa tällä hiirellä. Hiiri istuu joskus Ganeshan jalkojen juuressa ja tuijottaa kiinteästi häntä koskematta herkkuihin, jotka ovat jumalan jalkojen juuressa. Tämä tarkoittaa sitä, että Itsen oivaltanut sielu hallitsee oman mielensä, joka toimii vain hänen käs-kystään." Yhtäkkiä Äiti katsoi Keniin ja kutsui häntä "Ganeshaksi". Iloisena Ken hyväksyi uuden nimensä. Äiti meditoi lähtöaamuna brahmacharien ja muiden ihmisten kanssa hotellin uima-altaan ympärillä. Kello kymmeneltä Hän lähti jatkamaan matkaa Mt. Shastaan, mikä osoittautui yhdeksi koko kiertueen ikimuistoisimmista matkoista.

Tärkeämpää on uskoa kuin järkeillä

Matkalla Nealu ajatteli, että nyt olisi verraton tilaisuus esittää Äidille kysymys ja sanoi:

"Amma, henkinen tiede on aina pitänyt älyllistä toimintaa vähemmän tärkeänä kuin sydämestä peräisin olevaa. Minusta tuntuu joskus, että jotkut henkiset mestarit jopa vähättelevät älyllistä päättelyä ja tietoa. Miksi he ajattelevat näin?"

Äiti: "Poikani, henkisyys on enemmän uskon asia kuin älyllisen analyysin kohde. Todellinen usko kehittyy, kun äly jätetään sivuun. Tämä ei suinkaan tarkoita, että älyllinen tieto olisi turhaa. Älyllä on paikkansa, mutta sitä ei pitäisi korostaa liikaa. Älä luule, että hengellisyys on vain uskonnollista kirjatietoa ja älyllistä analysointia. Usein juuri tästä nousee ongelmia. On tärkeää, että äly ja täydellinen luottamus henkisyyden periaatteisiin ovat tasapainossa keskenään. Sinun tietosi ja järkeilysi voima saattavat esimerkiksi auttaa toisia vakuuttumaan henkisen tieteen pätevyydestä. Näin uskosi voi tyydyttää heidän älyllisen janonsa. Kuitenkin oman henkisen kehityksesi kannalta usko on huomattavasti tärkeämpää kuin järkeen tur-vautuminen.

Henkisissä harjoituksissasi uskosta on sinulle enemmän apua kuin älystä. Kyetäksesi meditoimaan sinulla tulee olla täydellinen luottamus siihen mitä teet. Harjoittaessasi mitä hyvänsä *sadhanaa*, sinun tulisi ohittaa kaikenlaiset epäilyt, kysymykset ja pohdinnat, keskittyä täysin henkisiin harjoituksiisi. Muuten et kehity henkisesti.

Jos sinulla ei ole uskoa ja luottamusta, pyri kehittämään sitä etsimällä *satgurun* opastusta. Älyllisellä tiedolla on oma paikkansa. Oikealla tavalla käytettynä se antaa sinulle tietyn määrän henkistä lujuutta ja päättäväisyyttä. Mutta jos haluat tulla perehtyneeksi siinä, mitä olet oppinut, on sinun tehtävä voimallisia käytännön harjoituksia. Voidaksesi tehdä tällaisia harjoituksia tarvitset uskoa. Joten on synnytettävä tasapaino uskon ja tiedon välille. Jotta voisit muistaa Jumalan, sinun on unohdettava kaikki muu. Todellinen Jumalaan keskittyminen tarkoittaa täysin ja kokonaan tässä hetkessä olemista ja siten menneisyyden ja tulevaisuuden unohtamista. Ainoastaan se on todellista rukousta. Tämän kaltainen unohtaminen auttaa sinua hidastamaan mieltäsi ja kokemaan autuutta meditoinnista. Oikea meditoiminen lopettaa kaikki kärsimykset. Mieli aiheuttaa kaikki kärsimykset. Menneisyys kuuluu mielelle. Vain luopumalla menneisyydestä, mikä onnistuu meditoimalla, on mahdollista kiinnittyä Itseen eli Jumalaan.

Itse asiassa meillä on jo tuo unohtamisen ja muistamisen kyky. Käytämme sitä aika usein. Esimerkiksi lääkärin tehdessä työtään sairaalassa hän unohtaa kotinsa ja perheensä. Ja kun hän menee kotiin vaimonsa ja lastensa luo, hän unohtaa sairaalan ja lääkärin roolinsa ollakseen hyvä aviomies ja isä. Samoin kuin lääkäri unohtaa kotona lääkärin roolinsa, myös meidän on unohdettava mennyt. Meidän on jopa unohdettava itsemme, jos haluamme muistaa Jumalan ja keskittyä meditointimme kohteeseen. Johonkin rajaan asti tiedämme kaikki kuinka se tapahtuu. Mutta emme vielä ole oppineet kuinka päästä korkeimman tietoisuuden valtakuntaan. Se, että pystyy luopumaan elämässä yhdestä näkökulmasta ja katsomaan elämää toiselta kannalta, on taidetta. Älyllisyydestä luopuminen ja viattoman uskon omaksuminen ei ole vaikeaa, jos todella haluat sitä.

Sri Shankara[9] oli Itsen oivaltanut mestari. Hän oli suuri oppinut ja loistavan älykäs. Hän kumosi tiedoillaan ja johdonmukaisuu-

---

[9] Sri Shankaracharya, joka eli 8. vuosisadalla, oli suuri filosofi ja advaitafilosofian, ei-kaksinaisuusfilosofian kannattaja.

dellaan monia väärinkäsityksiä henkisyydestä ja toi päivänvaloon pyhien kirjoitusten oikeita tulkintoja. Samaan aikaan hän uskoi syvästi siihen, mitä opetti. Sri Shankaraa kohtaan tunnettu valtava ihailu ei johtunut hänen älyllisestä kyvystään tulkita oikein pyhiä kirjoituksia, vaan siitä että hän oli kaiken opettamansa esikuva. Oivalluksen 'minä olen Se' tekee mahdolliseksi vain varaukseton luottamus. Ilman tuollaista uskoa et voi elää henkisten periaatteiden mukaista elämää käytännössä. Älyllinen varmuus on yksi henkisyyden muoto ja usko toinen. Molemmat ovat tärkeitä. Kuitenkin Itsen oival-tamisen tilaan voidaan päästä ainoastaan uskon avulla, kun taas älyllinen tieto ja järkeilyllä todistaminen ilman uskoa ei voi viedä tähän korkeimpaan tilaan".

Haltiotilassa

Tie kulki jonkin matkaa kauniin ja sinisen, puhdasvetisen joen vieritse. Joen vesi kimalteli auringossa. Autoon asti kuului virtaavan veden ääni. Äiti tuijotti jokea kiinteästi auton ikkunasta. Yhtäkkiä Hän liukui haltiotilaan huudahdellen: "Hoo...hoo...hoo!" (Ekstaasissa ollessaan Äiti ääntelee usein tuolla tavoin). Hän hypähteli istuimella ylös ja alas kuin lapsi. Samalla Hänen kätensä muodostivat *mudria,* yhden toisensa jälkeen. Kuljettajan nähdessä Äidin jumalallisen hurmion hän hiljensi vauhtia. Muutamassa sekunnissa Äiti vaipui *samadhiin.* Sen innoittamina brahmacharit lauloivat *Prapancham engumin* auton liikkuessa hitaasti jokivartta eteenpäin.

Prapancham engum

Oi aistiharhainen ilmestys,
joka läpäiset koko universumin!
Oi loistokkuus, etkö sarastaisi mielessäni
ja pysyisi siellä loistaen valoa ikuisesti!

Juon Sinun rakkauttasi ja äidillistä hellyyttäsi
ja olen kertakaikkisen tyytyväinen.

57

Tullessani lähellesi ja
sulaessani Sinun jumalalliseen valoosi
kaikkoavat kaikki kärsimykseni.

Kuinka monta päivää olenkaan vaeltanut
etsiessäni Sinua, kaiken alkulähdettä!
Oi Äiti, etkö jo tule luokseni
siunaamaan sieluni Itsen autuudella!
Oi miksi et jo tule!

Kun laulu päättyi, Äiti oli yhä haltioitunut ja tuossa tilassa hän lauloi *Radhe Govinda Bhajo* -laulun. Laulaessaan hän nauroi äänekkäästi ja koko keho keinui edestakaisin ikään kuin tanssien kosmisessa rytmissä. Hänen kätensä liikkuivat spontaanisti tehden jumalallisia *mudria*. Vähitellen Äiti palasi tavalliseen tietoisuuteen. Matka jatkui hiljaisuuden vallitessa, kunnes Äiti jälleen puhui. Hän kertoi tarinan.

Hiljaisuus on vastaus

"Amma on kuullut tämän tarinan jostakin. Kerran eli suuri mestari, joka oli kuuluisa viisaudestaan ja henkisistä kyvyistään. Hänellä oli tapana antaa yleisölleen kauniita syvästi innoittavia puheita. Erään kylän ihmiset toivoivat saavansa kuulla mestarin puhuvan ja niin he kutsuivat hänet kyläänsä. Mestari hyväksyi heidän kutsunsa. Kun hän saapui, häntä oli odottamassa satapäinen ihmisjoukko. Komean vastaanottoseremonian jälkeen mestari seisoi puhujan korokkeella valmiina puhumaan. Ihmiset odottivat innokkaina hänen puhettaan. Hän sanoi: 'Rakkaat veljet ja sisaret! Olen onnellinen ja tunnen itseni etuoikeutetuksi saadessani olla kanssanne tänään, mutta sallikaa minun kysyä teiltä jotakin. Tietääkö joku teistä mistä aion puhua?' Vastauksena hänen kysymykseensä kaikki huusivat: 'Kyllä, me tiedämme!' Mestari piti tauon, katsoi väkijoukkoa hymyillen ja sanoi: 'Hyvä on, kun jo tiedätte silloin minun ei tarvitse

pitää puhetta. Eikö niin?' Sanomatta sen enempää, hän laskeutui
alas korokkeelta ja lähti kylästä. Kyläläiset olivat hyvin pettyneitä.
He päättivät kutsua mestarin
uudestaan ja jälleen hän lupasi tulla.
Sovittu päivä koitti ja mestari vastaanotettiin perinteiseen ta-
paan. Aikoessaan pitää puheensa hän teki ensin saman kysymyksen
kuin edellisellä kerralla. Nyt kyläläiset olivat kuitenkin valmistau-
tuneet. Kun hän kysyi: 'Tietääkö kukaan teistä mistä aiheesta aion
puhua tänään?' kyläläiset vastasivat yhteen ääneen: 'Ei, emme tiedä
siitä mitään!' Mestari oli hiljaa ja hänen kasvoillaan oli pieni ilkikurinen
hymy. Hän sanoi: 'Rakkaat ystäväni, jos ette tiedä aiheesta yhtään
mitään, silloin minun on hyödytöntä puhua. Eikö niin?' Ennen
kuin kukaan ehti estellä, mestari oli jo mennyt. Yleisö oli aivan
ällistynyt. Kaikki olivat olleet varmoja siitä, että 'ei' olisi se vastaus,
jota mestari odotti. Voitte kuvitella kuinka pettyneitä he olivat. He
eivät kuitenkaan antaneet periksi. He pohdiskelivat keskenään: 'Jos
vastaus mestarin kysymykseen ei ole kyllä, eikä ei, niin mikä se sitten
voisi olla?' Mitä heidän pitäisi sanoa, jotta he vihdoinkin saisivat
hyötyä hänen viisaudestaan? Kylän asukkaat pitivät kokouksen ja
päättivät kuinka toimia seuraavalla kerralla, mikäli mestari esittäisi
saman kysymyksen. He olivat nyt varmoja onnistumisestaan. Ja
taas kerran he lähettivät kutsun mestarille. Hän saapui sovittuna
päivänä. Kyläläiset olivat sekä innostuneita, että hermostuneita.
Mestari seisoi heidän edessään ja kuten aikaisemminkin hän kysyi
taas: 'Veljet ja sisaret, tiedättekö mitään siitä aiheesta, josta aion
puhua?' Epäröimättä hetkeäkään joukosta puolet huusi 'kyllä!' ja
toinen puoli huusi 'ei!'
Sitten kyläläiset odottivat mestarin vastausta. Mutta mestari
sanoi: 'Hyvä, siinä tapauksessa antakaa niiden jotka tietävät, opettaa
niitä jotka eivät tiedä!'
Se oli kaikille odottamaton isku. Ennen kuin heillä oli aikaa
toipua järkytyksestään, mestari oli jo poistunut paikalta.

Mitä heidän nyt tulisi tehdä? Kyläläiset tahtoivat päättäväisesti kuulla hänen puhuvan. He päättivät yrittää vielä kerran. He pitivät jälleen kokouksen ja ihmisillä oli kaikenlaisia ehdotuksia, mutta mikään niistä ei tuntunut käyttökelpoiselta. Lopulta eräs vanha mies nousi seisomaan ja sanoi: 'Mitä tahansa vastaammekin mestarille se näyttää olevan väärin. Joten seuraavan kerran, kun mestari esittää taas saman kysymyksen, eikö olisi parasta, että pysyisimme aivan hiljaa sanomatta sanaakaan?' Ja niin kyläläiset päättivät tehdä. Tälläkin kerralla mestari kysyi samaa kuin ennen. Mutta nyt kukaan ei vastannut. Oli niin hiljaista, että olisi voinut kuulla neulan putoavan. Tuon syvän hiljaisuuden vallitessa mestari vihdoinkin alkoi puhua ja hänen sanojensa viisaus virtasi kyläläisille."

Kun Äiti oli päättänyt tarinan, Br. Amritatma ajatteli: "Kaunis kertomus, mutta mitä se tarkoittaa? Sillä täytyy olla jokin syvällisempi merkitys. Kunpa Äiti selittäisi...." Ennen kuin hän oli lopettanut kysymyksen muotoilun mielessään, Äiti kääntyi häneen päin ja sanoi: "Tarinan opetus on tämä, että vain puhtaan hiljaisuuden syvyydessä me kuulemme Jumalan äänen. Kun mestari kysyi ensimmäisellä vierailullaan tiesivätkö he, mistä hän aikoi puhua ja kun kyläläiset vastasivat tietävänsä, oli kyseessä ego. Ajatuksen 'minä tiedän', sanoi ego. Kun äly (egon perusta) on täynnä tietoa, sinne ei mahdu mitään. Mieli, joka on ääriään myöten täynnä älyllistä tietoa, ei voi vastaanottaa edes pisaraa todellista henkistä tietoa. Siitä syystä mestari ei puhunut ensimmäisellä vierailullaan mitään.

Kun hän vieraili toisen kerran kylässä, vastauksena oli: 'Ei, emme tiedä mitään!' Se on kielteinen toteamus. Suljettu, negatiivinen mieli ei myöskään kykene vastaan-ottamaan korkeinta viisautta. Omaksuakseen puhtaan tiedon on oltava täysin avoin ja vastaanottavainen kuin viaton lapsi.

Kolmannella kerralla sanottiin kyllä ja ei. Tämä on esimerkki epäilevästä, ailahtelevasta mielenlaadusta. Ailahteleva, epäilevä mieli on kyvytön vastaanottamaan mitään todellista tietoa.

Kun ihmiset lopulta olivat hiljaa, mestari puhui. Vain silloin kun mieli lopettaa tulkitsemisensa, voimme kuulla Jumalan sisäisen äänen. Näitä neljää vastausta voitaisiin verrata juoma-lasiin, jonka haluamme täyttää vedellä. Ensimmäinen vastaus 'kyllä, me tiedämme' on kuin vesilasi, joka on jo ylitsevuotavan täynnä. Siinä ei ole tilaa pisarallekaan. Toinen vastaus 'ei, emme tiedä mitään' on kuin ylösalaisin käännetty juomalasi. Olisi hyödytöntä yrittää kaataa siihen mitään. Kolmannella kerralla jolloin annettiin kaksi päinvastaista vastausta 'kyllä' ja 'ei' voitaisiin verrata täytettyyn vesilasiin, johon on sekoitettu likaa. Vesi on saastunut ja kadottanut puhtautensa. Siihen lisätty vesi menisi myös pilalle. Vain neljäs vastaus, hiljaisuus, on kuin pystyssä oleva tyhjä juomalasi. Tällaisen lasin täyttäminen on mahdollista ja siihen kaadettu tiedon vesi voi pysyä siinä.

Kyetäksemme kuuntelemaan, omaksumaan ja sulattamaan todellisen mestarin sanat täytyy sisäisen korvamme herkistyä. Fyysiset korvat eivät kykene kuuntelemaan Jumalaa. Tavallisesti ne toimivat kuin kaksi ilmanvaihtoventtiiliä: ääni tulee toisesta korvasta sisään ja menee toisesta korvasta ulos. Me tarvitsemme erityisen 'sisäisen' korvan.

Kyetäksemme omaksumaan mestarin opetukset meidän on oltava sisäisesti avoimia. Meidän tulee kehittää erityinen 'kohtu', johon talletamme mestarin opetukset. Äänekäs mieli, joka on täynnä sanoja, pitäisi opettaa olemaan hiljaa ja kuuntelemaan tarkkaavasti. Teidän ei tulisi kuunnella vain osalla itseänne, ei vain mielellä ja korvilla - teidän tulisi kuunnella koko olemuksellanne."

Tie antautumiseen

"Vasta kun Arjuna oli lopettanut puhumisen taistelukentällä, alkoi Krishna puhua hänelle. Aluksi Arjunan mieli oli täynnä virheellisiä käsityksiä ja hän puhui ja filosofoi loputtomasti. Lopulta hän uupui ja tunsi suunnatonta avuttomuutta. Hän pudotti aseensa maahan ja seisoi hiljaa Krishnan vieressä. Hänen jousensa ja nuolensa kuvasivat hänen egoaan eli älyään, 'minä' ja 'minun' tuntoa, sellaista asennetta, että 'minä' voin taistella ja voittaa. Hän pudotti egonsa ja seisoi hiljaa suunnattoman epätoivon vallassa. Hänen maallinen tietonsa, kuninkuus, tai uljaan soturin voima ja taito eivät voineet nyt auttaa häntä. Hänellä ei ollut mitään muuta vaihtoehtoa kuin hyväksyä täydellinen epäonnistuminen ja paljastaa avuttomuutensa Krishnalle. Vasta silloin Krishna puhui, koska vasta nyt Arjuna oli riittävän avoin kuuntelemaan. Tuo hiljainen rauhallisuus on antautumisen tila. Vasta antautumisen hiljaisuudessa pystyt kuuntelemaan tarkkaavaisesti. Tuossa sisäisessä hiljaisuudessa, kun koko olemuksesi on hiljaa ja tyyntynyt tapahtuu antautuminen. Siksi on mahdotonta opettaa kenellekään mitä antau-tuminen tarkoittaa. Se on jotain, joka vain tapahtuu *satgurun* läheisyydessä. Luomalla sopivat olosuhteet Mestari ohjaa oppilastaan hitaasti siihen tilaan, jossa tämä voi tapahtua.

Kun Arjuna vaati ehdottomasti nähdä vihollisensa, jotka malttamattomina odottivat taistelun alkamista Krishnaa ja Pandavia[10] vastaan, silloin Krishna, universaali olento, ajoi vaunut sellaiseen paikkaan, että Arjuna näki Bhisman, Dronan ja muut soturit, joita hän kunnioitti ja rakasti syvästi. Krishna oli vähä vähältä luonut tilanteita, jotka johtivat tähän loppuratkaisuun, Arjunan egon kukistumiseen. Olosuhteiden ketjussa tämä oli vain yksi lenkki, joka oli luotu tätä tarkoitusta varten. Krishna tiesi, että se mitä nyt oli tapahtumassa, veisi koko tapahtumasarjan huipentumaan ja niin täsmälleen tapahtuikin. Nähdessään taistelukentällä edessään rakkaat sukulaiset ja tuttavat sekä palvomansa opettajat, joita kaikkia vastaan hän nyt oli alkamassa sodan, Arjunan valtasi kiintymyksen ja pelon tunteet. Hän alkoi puhua kuin järjetön tyhjentäen kaiken mitä hänen mielessään oli, kaikki ulkoisesta maailmasta keräämänsä tiedon ja arvot. Krishna antoi hänen tyhjentää kaiken ulos itsestään. Pian Arjuna väsyi. Hän tiedosti olevansa harhan tilassa. Hän oivalsi, että hänen oli mahdotonta löytää ratkaisua siihen tavatomaan

---

[10] Arjuna ja hänen veljensä.

tilanteeseen, mikä hänen nyt oli kohdattava. Äärimmäisen epätoivoisena ja avuttomana hän lopulta antautui Herralle. Näin tapahtui kuitenkin vasta sen jälkeen, kun hän oli saanut kaiken puhutuksi. Sanojen maailmasta hän liukui sisäisen hiljaisuuden uuteen maailmaan ja hän kykeni kuuntelemaan Krishnan viisaita sanoja koko olemuksellaan.

Jokainen toivoo onnistuvansa elämässään. Menes-tynyt ihminen toivoo kaiken jatkuvan hyvin tai vieläkin paremmin. On olemassa ihmisiä, jotka eivät vielä ole päässeet huipulle. Mutta he yrittävät. On myös niitä, jotka ovat epäonnistuneet, mutta toivovat joskus onnistuvansa. Kaikki nuo ihmiset ovat kuitenkin hyvin kireitä. Heillä on ylirasituksesta johtuvia paineita ja jännitystä. Olivatpa he epäonnistuneet tai onnistuneet menneisyydessä, heillä on suuria tulevaisuuden haaveita ja he unelmoivat niistä aina. Sellaisten ihmisten ei ole helppoa luovuttaa, sillä heillä on vankka taipumus jatkaa ponnistelua. Toisaalta kun ihminen on samanlaisessa henkisessä tilanteessa kuin Arjuna, hänellä ei ole muuta vaihtoehtoa kuin antau-tuminen. Sellainen ihminen kokee olevansa täysin muserrettu. Tuossa tilassa ei enää ole kyse toivosta tai toivottomuudesta, menneisyydestä tai tulevaisuudesta. Sinä vain antaudut.

Ainoastaan *satguru* voi johdattaa sinut tähän tilaan. Vain Hänen läsnäolossaan se voi tapahtua. Pane Arjunan tavoin sivuun johdonmukaisuutesi, tulkintasi ja selittelysi. Sinulla ei ole niistä apua ratkaisevalla, kriittisellä hetkellä, kun oivallat epäonnistumisesi. Epäonnistuminen on egon epäonnistuminen, älysi epäonnistuminen. Hyväksy kärsimäsi tappio ja siirry sisäisen hiljaisuuden tilaan. Tuossa hiljaisuudessa voit helposti antautua.

Vasta yrittämisen ja epäonnistumisen seurauksena pystyt todella luovuttamaan. Huolimatta siitä, että epäonnistut uudestaan ja uudestaan, jatkat yrittämistäsi, kunnes lopulta päädyt tilanteeseen, jolloin hyväksyt kärsimäsi tappion ja aidosti koet ja ymmärrät kyvyt-tömyytesi päästä eteenpäin. Juuri tuossa tilassa sinä antaudut. Joten jatka yrittämistä. Jokaisen on koettava tuo valtavan syvä epäonnistumisen tila joko tänään tai huomenna.

Kaikki ponnistelut tulevat egosta. Koska ego on vajavainen, sen suorituskyky on myös rajallinen. Perus-teellinen tappio ja epäonnistuminen tapahtuu pakostakin ennemmin tai myöhemmin. Kun se tapahtuu, mielesi vaikenee ja sinä antaudut. Koko olemuksesi kääntyy Jumalaa kohden. Juuri nuo ponnistelusi ohjaavat sinut perinpohjaiseen epäonnistumiseen. Se vuorostaan auttaa sinua antautumaan. Epäonneksemme meillä on voimakas taipumus hakea selitystä kaikelle. Koska emme koskaan hyväksy kärsimäämme tappiota, löydämme yhden tai toisen syyn, jolla voimme todistaa oikeaksi kaiken mitä teemme. Amma on kuullut seuraavan tarinan. Eräs mies meni ravintolaan ja tilasi aterian. Hän oli niin nälkäinen, että heti kun ruoka oli pöydässä, hän alkoi syödä ahnaasti molemmin käsin. Tarjoilija ihmetteli miehen outoa käytöstä ja kysyi: 'Mitä sinä oikein teet? Miksi syöt tuolla tavalla, kaksin käsin?' Mies vastasi: 'Koska minulla ei ole kolmatta kättä!' "

Äiti jatkoi: "Useimmat ihmiset ovat tuollaisia. He eivät ole riittävän rehellisiä kertomaan totuutta tai myöntämään epäonnistumistaan. Mitä tahansa tapah-tuukin he aina yrittävät puolustella tekojaan."

Äiti lopetti ja istui katsellen ulos auton ikkunasta. Takana oli pitkä ajomatka. He olivat lähteneet Mirandasta kello 10 aamulla ja nyt kello oli viisi iltapäivällä. He lähestyivät Mt. Shastaa. Jonkin aikaa Äiti istui tähyillen ylös taivaalle. Sitten vuori tuli näkyviin. Äiti katseli edelleen tarkkaavaisesti johonkin tiettyyn kohtaan, joko taivaalla tai vuorella - kukapa olisi osannut sanoa.

Mount Shasta

Kun he saapuivat perille kello oli jo kuusi. Ryhmä paikallisia oppilaita oli toivottamassa hänet lämpimästi tervetulleeksi. Kaksi tuntia myöhemmin hänet vietiin kaupunkiin, missä oli iltaohjelma bhajaneineen ja darshaneineen. Monet olivat tulleet San Franciscosta asti. Suuri joukko ihmisiä oli jo odottamassa häntä ohjel-mapaikalla lähellä valtavan Sacramento-joen alkulähdettä, missä vuorenhuippujen lumesta sulanut vesi pulppuaa esiin kristallinkirkkaana ja jääkylmänä. Bhajanien jälkeen Äiti alkoi antaa darshania lapsilleen. Kun kaikki olivat saaneet darshanin, kello oli jo kolme aamulla. Vaikka matka oli ollut pitkä ja sen jälkeen Äiti oli antanut darshania useiden tuntien ajan, hän näytti raikkaalta kuin vasta puhjennut kukka. Eläminen Mt. Shastassa oli yksinkertaista. Siellä oli vain pieniä maalaistaloja ilman sähköä. Paikka oli hiljainen ja rauhallinen. Paikalliset ihmiset halusivat pysytellä poissa suurten kaupunkien metelistä ja hyörinästä. He pitivät enemmän luonnonmukaisesta ympäristöstä välittämättä siitä, että heillä oli suhteellisen vähän aineellisia mu-kavuuksia.

Darshanpaikalta näkyi kaiken yläpuolelle majes-teettisena kohoava pyhä vuori. Hiljaisena se todisti maailmankaikkeuden Äidin kauneutta ja loistokkuutta, kun hän nyt läsnäolollaan siunasi yhtä sen reunavuoriston kukkulaa, jolla aamudarshan pidettiin. Ihmiset istuivat Äidin ympärillä meditoimassa hyytävän kylmässä aamuilmassa, jonka läpi tunkeutui hänen läsnäolonsa voima. Päivä alkoi meditaatiolla. Sitten Äiti aloitti darshanin antamisen. Päivä hänen seurassaan, tässä kauniissa ympäristössä, oli kaikille unohtumaton kokemus.

Joitakin kuukausia aikaisemmin paikalliset seu-raajat olivat rakentaneet Äidille pienen temppelin. Nyt he toivoivat, että hän antaisi darshania seuraavana päivänä tässä temppelissä. Äidin suostuttua innostuneet seuraajat työskentelivät koko iltapäivän. He siivosivat ja laajensivat temppelialuetta, niin että sinne mahtuisi enemmän ihmisiä.

Kun Äiti seuraavana aamuna käveli temppeliin, ihmiset löivät käsillään tahtia laulaessaan *Amma, Amma Taye*. Ihmisten tuntema ilo näkyi selvästi heidän kas-voiltaan.

65

Amma, Amma Taye

Oi Äiti,
rakastettu jumalallinen Äiti,
maailmankaikkeuden jumalatar,
joka ravitset kaikki olennot!
Sinä olet korkein alkuvoima!

Kaikki tässä maailmassa tapahtuva
on Sinun jumalallista leikkiäsi.
Suojele minua, Oi Äiti, varjele minua.
Ilman kohdun hedelmöitystä,
Sinä olet synnyttänyt miljoonia ja taas
miljoonia olentoja.

Oi, Garuda-linnulla matkustavan Vishnun sisar,
Sinä ihanuus.
Syntymästäni lähtien olen laulanut
Sinun ylistystäsi.
Sinä olet täydellinen,
Sinä olet kaiken alkusyy
ja kaiken hävittäjä.

Oi, Äiti, Sinä olet elämäni päämäärä.
Oi, maailman jumalatar, älä hylkää minua!
Olet Lalita-jumalatar, maailman hallitsija.
Oi Äiti, jos heität minut ongelmasta toiseen,
kuka muu silloin voisi suojella minua?

Oi, lumosilmäinen Äiti,
olet kaikkialla läsnäoleva silminnäkijä.
Oi, Äiti,
rakkain jumalallinen Äiti...

Äiti otettiin vastaan seremonian mukaisesti pesemällä hänen pyhät jalkansa. Tätä seurasi *arati* ja meditointi, jonka jälkeen Äiti alkoi kutsua ihmisiä darshaniin. Eräs pikku tyttö puski ihmisjoukon läpi Äidin luo. Hän ojensi Äidille piirustuksen, johon oli yrittänyt piirtää Äidin kuvan. Piirustuksen alareunaan hän oli kirjoittanut suurilla koukeroilla: "Minä rakastan sinua Amma." Äiti oli hyvin liikuttunut. Hän otti piirustuksen, piti sitä lähellä kasvojaan ja kosketti sillä otsaansa. Tällä tavalla Äiti osoitti rakkautta ja kunnioitusta. Hän halasi pikku tyttöä ja nosti hänet syliinsä. Hän keinutti vartaloaan edestakaisin ja piteli tyttöä hyvin hellästi itseään vasten. Kun Äiti viimein yritti nostaa hänet sylistään, pikku tyttö kieltäytyi lähtemästä. Kietoen kätensä Äidin vyötärön ympärille hän sanoi kuuluvalla äänellä: "Minä haluan jäädä Amman syliin!" Tuo viaton huomautus sai ihmiset nauramaan ja joku huudahti: "Juuri sitä me kaikki haluaisimme!" Ja jälleen kaikki nauroivat. Myös Äiti nauroi ja sillä aikaa pikku tyttö käpertyi silmät kiinni Äidin syliin. Lopulta tytön äiti sai houkuteltua hänet pois.

Ainoastaan atman on olemassa

Eräs läsnäolija kysyi Äidiltä: "Amma, olen nähnyt sinun koskettavan otsaasi seuraajaltasi saamalla lahjalla tai kirjeellä, ikään kuin kumartaisit sille. Teit juuri äsken niin, kun pikku tyttö antoi sinulle piirustuksensa. Onko tällä eleellä jokin erityinen merkitys?"

Äiti: "Lapset, Amma näkee Jumalan kaikessa. Ammalle ei ole olemassa mitään muuta kuin Jumala, *Paramatman*. Ainoastaan *Atman* on olemassa. Amma näkee kaiken kokonaisuuden osana, oman Itsensä jatkona. Kuinka voisi olla mahdollista jättää mitään huomiota vaille, kun koemme kaiken osana itseään? Kuinka näinollen voisimme pitää merkityksettömänä mitään elävää olentoa tai ei-elävää kohdetta? Tuossa tilassa ei ole olemassa erillisyyden tunnetta, sillä kaikki on yhtä tietoisuutta, kaikki on sen läpäisemää.

Vain jos luulemme, että olemme erillisiä entiteettejä, voimme olla piittaamatta toisista tai ajatella heidän olevan merkityksettömiä, koska silloin samaistumme egoon: vihaan, kaunaan, mustasukkaisuuteen, toistemme tuomitsemiseen ja kaikkiin muihin kielteisiin omi-naisuuksiin. Mutta ollessamme yhtä Itsen kanssa tämän kaltaisille vähäpätöisille kielteisille tunteille ei ole sijaa. Egolla ei ole silloin mitään merkitystä. Pysymme jatkuvasti Itsessä, olemisen keskuksessa. Koemme erillisyyttä, koska olemme unohtaneet todellisen Itsemme ja koska ego on tullut väliin. Tällä hetkellä olemme tietoisia vain pienestä itsestämme, olemme itsekeskeisiä. Meidän on kasvettava ulos itsekeskeisyydestämme ja pyrittävä keskittymään todelliseen Itseen, Brahmaniin, joka on absoluuttinen tietoisuus. Köyhä ihminen yrittää rikastua. Lihava yrittää laihtua. Ja sairas tekee kaikkensa tullakseen terveeksi. Joten ei ole kysymystäkään siitä, etteivätkö ihmiset olisi tietoisia rajallisesta itsestään. He ovat hyvin tietoisia kehostaan ja fyysisestä olemassaolostaan. Se ei ole ongelma. Ongelmana on se, että he samanaikaisesti eivät tiedä mitään jumalallisesta sisäisestä Itsestä. Heti tultuasi tietoiseksi rajattomasta Itsestä lakkaat samaistumasta pieneen, rajoittuneeseen itseen.

Ihmiset ovat unohtaneet keitä he ovat. He ovat unohtaneet olevansa kaiken itse keskus, koko luomakunnan keskus. Tämän sijasta he samaistuvat kaikkeen sellaiseen, jota eivät ole."

Sinä olet koko näytelmän keskipiste

"Amma kertoo teille tarinan. Suurenmoiset kutsut olivat meneillään. Ne olivat mitä ihastuttavimmat juhlat. Kaikki oli täydellistä ja vieraat olivat onnellisia ja nauttivat olostaan. Puolenyön aikaan taloon livahti kuokkavieras, mielipuoli tunkeilija. Hän tuli isännän luo ja sanoi: 'Mitkä tylsät juhlat, jopa on tukahduttava ilmapiiri!' Hän jatkoi jankuttamistaan siitä, kuinka tylsää juhlissa oli ja oli niin hyvä uskottelemaan, että loppujen lopuksi isäntä uskoi häntä. Hän unohti kuinka oli nauttinut siihen saakka ja tuli vakuuttuneeksi siitä, että kutsut olivat epäonnistuneet. Hän jopa unohti olevansa illan isäntä! Niinpä hän sanoi tunkeilijalle: 'Olet täysin oikeassa, täällä on kammottavaa! Mennään johonkin toiseen paikkaan.' 'Lähdetään', sanoi tämä. 'Minä järjestän upeat juhlat. Ne ovat minun kutsuni ja sinä olet vieraani.' Mielipuoli alkoi luvata kaikenlaisia ihania ja houkuttelevia asioita. He poistuvat kutsuilta yhdessä ja menivät kuokkavieraan taloon. Se oli kolkko paikka: ruma, likainen ja eloton, eikä siellä ollut ketään muita.

Mutta mielipuoli uskoi omiin haaveisiinsa paikan loistokkuudesta ja yritti pakottaa myös vieraansa uskomaan, että ankea talo on kaunis kartano ja hauskanpito alkaisi millä hetkellä hyvänsä. 'Hauskuus alkaa pian,' hän toisti koko ajan. Mutta mitään ei tapahtunut. Aluksi mies uskoi häntä, sitten yhtäkkiä hän palasi järkiinsä. 'Hetkinen!' hän huudahti. 'Mikä hätänä?' kysyi kuokkavieras huolestuneena. 'Voi, ei!' mies parahti, 'mitä minä teen tässä kaameassa paikassa? Olen unohtanut, että minähän olen isäntä loisteliaissa juhlissa, joita vietetään kodissani! Olen unohtanut kuinka riemuitsin siellä.' Välittämättä mielipuolen vastaväitteistä mies kiiruhti takaisin omaan kotiinsa. Kaikki hänen ystävänsä olivat yhä siellä. Heillä oli hauskaa, eivätkä he olleet edes huomanneet kutsujen isännän poissaoloa. Hän hymyili heille ja liittyi onnellisena juhlijoiden joukkoon.

Koko ihmiskunta on samanlaisessa tilanteessa. Ihmiset ovat unohtaneet keitä ovat. Meidän olisi tarkoitus asua omassa ihanassa kodissamme nauttien elämän ja luomisen suurenmoisesta juhlasta. Kuten kertomuksen isäntä, me olemme todellisuudessa kaiken tämän juhlan keskus, mutta emme tiedä sitä. Jotain on mennyt pahasti vikaan. Ego on hiipinyt sisään ja houkutellut meidät äärimmäisen unohtamisen tilaan, tiedottomuuden tilaan. Olemme unohtaneet olevamme upeiden kutsujen isäntä. Sen sijaan kuin unissakävelijät olemme lähteneet egon, 'mielipuolen kuokkavieraan', mukaan liittyäksemme hänen olemattomiin juhliinsa.

Ego on ulkopuolinen. Mutta me, jotka olemme isäntä, näitten loisteliaiden juhlien todellinen keskipiste, jonka ympärillä koko luomisen näytelmä tapahtuu, olemme unohtaneet totuuden oikeasta Itsestämme. Olemme liittyneet erehdyksessä huiputtaja- egoon, samaistuneet siihen ja sen kieroutuneisiin näkemyksiin.

Meidän on herättävä horroksestamme ja muis-tettava, että olemme 'isäntä', luomisen todellinen keskipiste. Silloin myös me huudahdamme: 'Voi, mitä minä täällä teen? Olen unohtanut, minähän se olen noiden toisten kutsujen isäntä! Minun kotini on siellä! Olen täysin unohtanut kuinka onnellinen olin siellä.' Silloin et hukkaa hetkeäkään enää. Sinä kiiruhdat kotiin, todelliseen kotiisi ja pysyt siellä autuaallisessa, ilontäyteisessä Itsessä.

Tarkkailet kaikkea todellisesta, sisäisessä Itsessä olevasta, oleilupaikastasi käsin. Kaikki kiertää Itsen ympärillä. Kaikki on huikeaa iloa. Ikuisesti Itsessäsi pysyen nautit koko näytelmästä. Myös muut ovat osallisia näytelmässä, mutta heille se on egon näytelmää. Tietämättöminä he esiintyvät tiukasti egon ohjaamina. Sensijaan että vain tarkkailisivat näytelmän kulkua he samaistuvat siihen kietoutuen sen verkkoihin. Herännyt sielu ei koskaan samaistu näy-telmään, vaikka hän nauttiikin osallistumisestaan siihen. Hänelle se on äärettömän tietoisuuden leikkiä. Kun muut esittävät näytelmää unohduksen tilassa kuin unis-sakävelijät, Itsen tilassa oleva on aina täysin hereillä ja valppaana.

Tuossa tietoisuuden äärettömässä leikissä, jossa Jumala on kaiken itse keskus, mikään ei ole merkityksetöntä. Kaikki on jumaluuden läpäisemää. Jokainen ruohonkorsi ja jokainen hiekanhyvänen on täynnä jumalaista voimaa. Siitä syystä herännyt sielu tuntee syvää kunnioitusta ja nöyryyttä koko luomakuntaa kohtaan, koska päästyäsi kerran egosi ulottumattomiin sinä et ole mitään, olet Jumalallisen tietoisuuden täyttämä ääretön ei-mitään. Kun sinulla on sellainen asenne, että jatkuvasti haluat nöyrästi kumartua alas kaiken olemassaolevan edessä, tuo olemassaolo virtaa sinuun. Koet, että kaikki on osa sinua, mikään ei ole erillistä.

Ajattele kuinka paljon välität itsestäsi. Haluat syödä maukasta ruokaa, asua viehättävässä kodissa, nukkua mukavassa vuoteessa, matkustaa komeassa autossa, etkä halua missään nimessä kenenkään loukkaavan tai halventavan sinua. Haluat olla aina onnellinen. Tämä johtuu siitä, että rakastat ja välität itsestäsi enemmän kuin mistään muusta. Mutta kuvittelepa mitä tapahtuu, kun sinusta tulee yhtä kaikkien ja kaiken kanssa. Sinä rakastat ja kunnioitat kaikkia ja kaikkea, ja välität yhtäläisesti kaikista ja kaikesta, mutta teet sen mittaamattomasti syvemmin ja voimakkaammin kuin olet koskaan rakastanut itseäsi."

Äiti alkoi laulaa laulua *Devi Jaganmata*:

Devi Jaganmata

Tervehdin Jumalatarta, maailman Äitiä
korkeimman voiman jumalatarta!

Oi, Ikuinen Neitsyt,
tekemässä katumusharjoituksia
sinisen meren rannalla Kanyakumarissa,
tule luokseni ja anna minulle armonlahjasi!

Oi Äiti, jonka todellinen luonto on Valo,
ja jonka ihana olemus on
viisautta, totuutta, voimaa ja autuutta!
Om, tervehdys maailmankaikkeuden Äidille!

Ylimääräinen darshan Mt. Shastassa

Ohjelman mukaan seuraavana päivänä ei ollut darshania. Äidin oletettiin lähtevän aamulla San Fransiscoon, josta hänen oli määrä lentää seuraavana aamuna Uuteen Meksikkoon. Mutta Äiti päätti, että hän ei hukkaisi päivääkään ja ilmoitti antavansa vielä yhden darshanin Mt. Shastassa. Kaikki olivat ylitsevuotavan onnellisia. He olivat jo olleet surullisia Äidin lähdön takia.

Pieni temppeli valmisteltiin uudelleen darshania varten. Äiti tuli kymmeneltä aamulla. Päivä oli sateinen, joten kaikki ahtautuivat temppeliin. Ennen pitkää pieni paikka oli tupaten täynnä.

Vaikka Devi Bhava oli kestänyt pitkään edellisenä yönä, Äiti näytti kuten tavallista raikkaalta ja säteilevältä. Hän vietti koko päivän ihmisten parissa. Amritatma, joka istui hänen vieressään oli hämmästynyt pannessaan merkille kuinka paljon Äiti antoi itsestään

71

rakkautta jokaiselle. Mitä Hän tekikin, hän oli siinä läsnä koko ole-muksellaan. Sanoillaan, katseellaan, kosketuksellaan ja hymyllään Äiti vuodatti itseään ihmisiin. Hän ei tehnyt mitään puolinaisesti. Hän teki kaiken ehjästi ja täydellisesti.

Kaikkien katseet kinnittyivät Äidin jokaiseen liikkeeseen, sanaan ja katseeseen ja jokaiseen hymyyn. Kukaan ei malttanut poistua.

Päivän mittaan vanhemmat toivat myös lapsiaan Äidin luo. Lapset ilmiselvästi jumaloivat Äitiä. Heidän kasvonsa loistivat ilosta, kun hän helli heitä, leikki heidän kanssaan ja nauratti heitä.

Jokainen Äidin luo tuleva sai häneltä paljon aikaa ja huomio-ta. Jotkut esittivät kysymyksiä hälventääkseen henkiset epäilynsä. Toiset taas pyysivät häntä siunaamaan perhettään, tai auttamaan heitä urallaan eteenpäin, kun taas toiset toivoivat Äidin parantavan heidän sairauksiaan. Monet purskahtivat itkuun Äidin sylissä.

Kuten tavallista bhajaneita laulettiin koko darsha-nin ajan. Joskus Äiti lauloi laulun alusta loppuun pitäen samalla yhtä seu-raajistaan sylissään. Joskus hän vaipui syvään haltiotilaan ja silloin vallitsi tavallistakin syvempi ilon ja rauhan tunnelma. Yhdessä vaiheessa Äiti lauloi *Mano Buddhya* -laulun:

Mano Buddhya

En ole mieli, äly, en ego, enkä myöskään muisti.
En ole maku kielellä,
en kuulo, haju enkä myöskään makuaisti.
En ole maa enkä tuli,
en vesi, ilma enkä eetteri.
Olen puhdas autuaallinen tietoisuus.
Olen Shiva, olen Shiva.

En ole oikeat enkä väärät teot,
en myöskään mielihyvä enkä kipu.
En ole mantra enkä pyhitetty paikka,
en vedat enkä uhraus.

En ole myöskään syöminen, syöjä enkä syötävä.
Olen puhdas autuaallinen tietoisuus,
Olen Shiva, olen Shiva.
En synny, enkä kuole,
en pelkää mitään.
Minulla ei ole mitään kastijakoa.
Minulla ei ole isää eikä äitiä,
ystäviä eikä tovereita.
Minulla ei ole gurua,
eikä oppilaita.
Olen puhdas autuaallinen tietoisuus,
olen Shiva, olen Shiva.

Minulla ei ole muotoa,
eikä mielen liikkeitä,
olen kaiken kattava.
Olen kaikkialla,
kuitenkaan en ole aistein havaittavissa,
en ole pelastus,
enkä mitään tunnistettavaa.
Olen puhdas autuaallinen tietoisuus.
Olen Shiva, olen Shiva.

Eräs mies tuli Äidin luo pyytämään mantraa. Äiti antoi hänelle mantran ja alkoi sitten miehen pyynnöstä puhua mantroista.

Mantra

Äiti: "Lapset, kun Amma antaa teille mantran, hän kylvää teihin henkisyyden siemenen. Hän siirtää osan itsestään sydämiinne. Mutta teidän on tehtävä oma osuutenne. Teidän tulee hoivata tätä siementä meditoiden, rukoillen ja toistaen mantraanne säännöllisesti laimin-lyömättä sitä koskaan. Teidän tulee sitoutua näihin harjoituksiin koko sydämellänne.

Luonnollinen tapa valmistaa jugurttia on lisätä lämpimään maitoon lusikallinen valmista jugurttia. Seisottuaan riittävän kauan koko maitomäärä muuttuu jugurtiksi. Samalla tavalla Amma on siirtänyt teihin osan itseään. Teidän tulee saavuttaa sisäisen hiljaisuuden tila toistamalla jatkuvasti mantraanne ja tekemällä muita henkisiä harjoituksia. Tämän tuloksena koko olemuksenne muuttuu täysin ja tulette oivaltamaan jumalallisen luontonne."

Nuori mies keskeytti: "Amma, muinoin henkinen mestari testasi oppilasehdokasta ankarasti ennen mantran antamista. Amma, sinä et toimi siten. Miksi annat meille mantran kokeilematta ensin sopivuuttamme?"

Äiti hymyili ja vastasi: "Yksinkertaisesti siksi, että Amma rakastaa teitä! Kuinka äiti voisi olla auttamatta lapsiaan. Vaikka lapset olisivat kuinka kyvyttömiä tahansa, äiti tuntee vain myötätuntoa heitä kohtaan. Lapset, te olette Amman omia ja Amma haluaa kaikkien lastensa pääsevän lopulliseen päämäärään. Siksi hän antaa teille mantran. Teidän ei tarvitse miettiä syytä, vaan ottaa mantra käyttöönne ja toistaa sitä lakkaamatta. Se vie teidät oivalluksen tilaan.

Täydellisen mestarin elinvoima on ylevöitynyttä ja täysin puhdasta. Sellaisessa olennossa ei ole himoja. Hän on kuin valtava muuntaja, joka voi johtaa rajattoman määrän voimaa toisiin. Saadessanne mantravihkimyksen vastaanotatte jonkin verran mestarin henkistä voimaa. Harjoittamalla *sadhanaa* teistä voi tulla juuri tuo itse puhdas 'sisin olemus'. Toisin sanoen, teistä tulee mestarin kaltainen eli teistä ja mestarista tulee yhtä.

Satgurun antama mantra vie teidät korkeimman joutsenen, Paramahansan[11] tilaan.

Amritatman kääntäessä, hän lausui sanan "swan" (joutsen) väärin. Kuulosti siltä kuin hän olisi sanonut "swine" (sika). Kaikki

---

[11] Lopullista tilaa kuvataan symbolisesti joutsenella. Sanotaan, että joutsen kykenee juomaan maidon sekoituksesta, jossa on vettä. Tämä vertaus kuvaa korkeinta tilaa, jolloin ihminen kykenee ymmärtämään eron toisaalta ikuisen Itsen eli Atmanin ja toisaalta anatmanin eli aina muutoksen alaisen kehon ja ulkoisen maailman välillä.

ihmettelivät, mitä Äiti mahdollisesti tarkoitti sillä. Kun Amritatma huomasi hämmennyksen heidän kasvoillaan, hän toisti sanan useaan kertaan. Ihmiset sanoivat, "Sika? Mitä tarkoitat sialla?" Joku kysyi: "Ethän todellakaan tarkoita sikaa, vai tarkoitatko?" Amritatma sanoi: "Ei! En toki!" Lopulta joku keksi ja sanoi: "Ahaa, tarkoitat varmaankin joutsenta!" Kun väärinkäsitys käännettiin Äidille, Hän nauroi niin, että koko keho tärisi.

Melkein kaikki teltassa olijat halusivat nyt mantran. Ja Äiti oli valmis täyttämään heidän toiveensa. Kun kaikki olivat käyneet hänen luonaan ja saaneet mantran, Äiti jatkoi samasta aiheesta.

"Toistakaa mantraa aluksi hiljaa huulianne liikuttamalla. Jatka sitten sen toistamista mielessänne. Lausukaa sen jälkeen sitä jokaisella sisäänhengityksellä ja uloshengityksellä, kunnes siitä tulee spontaania ja keskeytymätöntä. Lopulta saavutatte meditaatiotilan, jolloin mieli hiljenee ja *japa* (mantran toistaminen) pysähtyy omia aikojaan."

Kysymys: "Mutta Amma, kuinka löydämme riittävästi aikaa mantran toistamiseen elämän kiireiden keskellä?"

Äiti: "Lapset, löydätte kyllä tarpeeksi aikaa, jos olette päättäväisiä ja vilpittömästi kaipaatte sitä. Olkaa vain kärsivällisiä. Amma kertoo teille seuraavan tarinan.

Eräällä liikemiehellä oli paljon paineita ja murheita elämässään. Menetelmät, joita hän käytti mielensä tyynnyttämiseksi, eivät tehonneet. Eräänä päivänä hän näki pyhimyksen istumassa puun juurella, ja silloin hän päätti lähestyä tätä ja kysyä tältä neuvoa.

Kumarrettuaan nöyrästi mestarin edessä hän sanoi: 'Oi sinä, kunnioitettu mestari, mieleni on täynnä jännitystä. Olen kadottanut mielenrauhani kokonaan. Ole ystävällinen ja kerro mitä minun pitäisi tehdä tullakseni onnelliseksi.'

Pyhimys vastasi: 'Yritä tehdä joitakin henkisiä harjoituksia joka aamu ja ilta.'

'Mutta mistä löydän aikaa niitä varten?' liikemies huudahti. Ja samalla hän otti taskustaan avainnipun ja riiputti sitä mestarin edessä. 'Katso pelkästään tätä avainten määrää!' hän sanoi. 'Jokainen avain edustaa valtavasti velvollisuuksia, jotka minun on hoidettava! Joten ole ystävällinen ja ehdota jotain helpompaa polkua.' Mestari vastasi: 'Hyvä on, sitten minä vihin sinut mantran käyttöön. Yritä toistaa sitä joka päivä muutamia kertoja. Siinä kaikki.' 'Mutta minulla ei ole vapaata hetkeä edes siihen! Eikö ole jotain vieläkin helpompaa menetelmää!' liikemies huudahti. 'Kuinka kaukana vuoteesi on kylpyhuoneesta?' *mahatma* kysyi. Ymmällään omituisesta kysymyksestä, liikemies vastasi: 'Noin viidentoista metrin päässä.'

'Siinä tapauksessa, olen vakuuttunut, että kävellessäsi tuota lyhyttä matkaa kylpyhuoneeseesi sinulla ei ole mitään muuta tekemistä tuolla hetkellä. Joten yritä lausua mantraa mielessäsi joka aamu edes noiden muutamien sekuntien ajan.' Sen sanottuaan mahatma antoi miehelle mantran.

Seuraavana aamuna herättyään mies muisti toistaa mantraansa matkalla kylpyhuoneeseen. Sitten hän ajatteli harjatessaan hampaitaan: 'Aivan hyvin voisin toistaa mantraa muutamia kertoja myös tällä hetkellä.' Sama toistui hänen kylpiessään, pukeutuessaan ja matkatessaan työpaikalle.

Itse asiassa hän huomasi päivän mittaan useita kertoja olevansa vapaa toistamaan mantraansa joitakin kertoja. Ja aikaa myöten hän löysi itselleen yhä enemmän tilaisuuksia sen toistamiseen, kunnes siitä muodostui tapa, teki hän mitä tahansa, olipa hän missä tahansa. Sillä oli valtavan suuri vaikutus häneen. Mantraa toistamalla hänestä tuli kuin toinen ihminen. Hän löysi kaipaamansa sisäisen rauhan ja hänen liiketoimensa edistyivät huomattavasti.

Jotkut ihmiset haluavat tietää mantran mer-kityksen. Mutta kun matkustat lentokoneella, sinun ei välttämättä tarvitse tietää minkälaisesta metallista se on tehty, kuinka laitteet toimivat, tai kuka on lentäjä. Sinun ei tarvitse tietää tuollaisia yksityiskohtia. Perille pääsy on ainoa tärkeä asia. Pelkästään toistamalla mantraasi pääset perille.

Elämän lopullinen päämäärä on Itsen oivaltaminen. Tietäessämme tämän meidän tulisi yrittää ymmärtää maailman ohimenevä

luonne. Sitten meidän tulee toistaa mantraamme jokainen mah-
dollinen hetki vankkumat-toman uskon voimin, päättäväisinä ja
täysin keskittyneinä.

Kun yritätte ylittää sielun vaelluksen valtameren, kuoleman ja
syntymän kierron, mantra on kuin veneen airot. Se on työväline,
jonka avulla ylitätte levottoman mielenne *samsaran* ja sen loputtomat
ajatusaallot.

Mantraa voidaan myös verrata tikapuihin, joita pitkin kiipeät
Jumalan oivaltamisen korkeuksiin.

Mantraa voidaan toistaa missä tahansa ja milloin tahansa.
Teidän tulisi toistaa sitä yhtä mittaa, jopa käydessänne wc:ssä.
Jos toistatte taukoamatta mantraanne ja näette samalla mielessäsi
mantraanne liittyvän juma-luuden hahmon, omaksutte asteittain
tuon jumaluuden piirteitä."

Joku kysyi: "Amma, onko oikein nähdä mielessään sinun
muotosi?"

Äiti: "Voit halutessasi tehdä niin. Amma olisi iloinen, jos sadat
ihmiset tulisivat hänen kaltaisekseen, koska siinä tapauksessa Amma
voisi palvella yhä useampia ihmisiä maailmassa."

"Teidän kaikki ajatuksenne kulkevat lävitseni"

Iltapäivä oli jo pitkällä. Br. Amritatma oli uuvuksissa ja alkoi olla
levoton. Hänellä oli ollut kiire koko päivän, kun hän käänsi Äidin
vastaukset kaikkiin kysymyksiin ilman lepohetkiä. Ja hänellä oli
kiire myös antaessaan mantran lausuntaohjeita niille, jotka olivat
saaneet mantran. Mutta Äidissä ei näkynyt merkkiäkään väsy-
myksestä. Hän hymyili onnellisena säteillen loputonta rakkautta ja
voimaa. Amritatma halusi sanoa hänelle: "Amma, riittää jo! Kello
on neljä. Etkö voisi lopettaa?" Juuri hänen ajatellessaan näin Äiti
kääntyi, katsoi häntä ja sanoi: "Kuinka Amma voisi lopettaa, kun
hänen lapsensa itkevät avun tarpeessa? Poikani, sinun tulisi antautua
ja hyväksyä, koska sillä tavalla löytyy todellinen onni."

Äiti katsoi hetken kiinteästi Amritatmaa ja sanoi: "Poikani, lasteni jokainen ajatus kulkee lävitseni." Kello viisi iltapäivällä Äiti lopetti darshanin ja nousi. Mutta ennen kuin Hän lähti, Hän viipyi temppelissä vielä jutellen jonkin aikaa jokaisen paikalla olevan kanssa. Äidin myötätunto sai ihmiset tuntemaan ylitsevuotavaa kiitollisuutta Häntä kohtaan. Kun Äiti sitten lähti, kello oli viisitoista yli viiden iltapäivällä.

Kävellessään matkailuvaunua kohti hän lauloi laulua: *Shiva, Shiva, Hara, Hara:*

Shiva, Shiva, Hara, Hara

Oi, Sinä hyväenteinen,
epätoden tuhoaja,
pilvet ovat vaatteitasi.
Oi, Sinä lumoavan kaunis,
joka soitat damaru-rumpua.

Ja pitelet kädessäsi kolmikärkeä
lahjoittaen pelottomuutta ja siunauksia,
jonka hiussuortuvat ovat tappuralla
ja jonka jäsenet ovat tuhkan peitossa.

Jolla on seppeleenä kobra-käärme
ja ihmiskalloista tehty kukkaseppele,
jonka otsaa koristaa kuunsirppi,
ja jonka silmät ovat täynnä myötätuntoa.

Oi, Sinä hyväenteinen,
Oi tuhoaja, Suuri Jumala.

Äidin mennessä matkailuvaunuun kaikki kerään-tyivät sen ympärille haluten nähdä vielä viimeisen vilauksen hänestä. Auton kiihdyttäessä vauhtia satoi edelleenkin, kuten oli satanut koko päivän. Se ei ollut harmaata, synkkää sadetta, vaan sadepisarat tanssivat iloisina maahan. Oli kuin koko luonto olisi heijastellut Äidin ympärillä olevaa iloa ja juhlan ilmapiiriä ja kimaltelevien sadepisaroiden vuolas ryöppy olisi hilpeästi jäljitellyt hänen armonsa virtaamista.

Santa Fe

Äiti saapui Uuteen-Meksikkoon kesäkuun 4. päivänä. Hän aikoi viettää siellä melkein kaksi viikkoa antamalla darshania Santa Fessä ja lähellä olevassa Taosissa. Äiti asui Santa Fessä Steve ja Cathi Smidthin luona hieman kaupungin ulkopuolella maaseudulla. Äiti otti vastaan vieraita Schmidtien olohuo-neessa.Vaikka ihmisiä tuli vähän, darshan kesti useita tunteja.

Kuinka menneisyyden haavat parannetaan

Eräs nuori mies tuli Amman luo ja kysyi häneltä: "Amma, monet länsimaalaiset ovat tulleet loukatuiksi ja pettyneiksi tavattuaan joitakin guruja, jotka ovat tulleet länteen. Henkisyyden nimissä ja antaumuksen merkitystä painottaen he ovat käyttäneet häikäilemättömästi hyväkseen miehiä ja naisia, jotka ovat vilpittömästi hakeneet heiltä opastusta. Nämä gurut ovat riistäneet ihmisiä taloudellisesti ja seksuaalisesti sekä käyttäneet hyväkseen ihmisten herkkätunteisuutta. Monet ovat tästä syystä kadottaneet uskonsa guruihin ja henkisyyteen. Amma, kuinka näiden ihmisten on mahdollista saada uskonsa takaisin ja päästä peloistaan ja epäilyistään? Kuinka heidän uskonsa guruun voidaan koskaan sytyttää uudelleen?"

Äiti: "Vain *satgurun* (Itsen oivaltanut mestari) läheisyydessä voivat väärän gurun aiheuttamat sydämen syvät haavat parantua. Olet saattanut olla tekemisissä niin kutsutun gurun kanssa, joka on vahingoittanut sinua monella tavalla, mutta älä menetä uskoasi tai luovu toivosta. Amma vakuuttaa, että se aika ja ne voimavarat, jotka olet käyttänyt *sadhanaan*, eivät ole menneet hukkaan. Kaikki henkisiä harjoituksia tekemällä saavutettu on tallessa, koska *sadhanalla* saavutettua voimaa ei voi menettää samallatavoin kuin maallisia saavutuksia. Mitä saavutat *sadhanalla* ei koskaan katoa.

Kun syvällä sisimmässäsi haudotut loukkaan-tumisen tunteet ilmenevät ulkoisesti, ne ilmaisevat itsensä vihana, suuttumuksena, levottomuutena ja syylli-syydentuntoina. Jos sisäiset haavasi eivät parane, nuo kielteiset olotilat vain lisääntyvät ja kärjistyvät. Valitettavasti nuo niin sanotut gurut ovat haa-voittaneet syvästi monia vilpittömiä henkisiä etsijöitä. Amma ymmärtää miten vaikeaa on harhaanjohdetun ja haavoitetun etsijän luottaa keneenkään. Mutta kerta-kaikkinen uskosta luopuminen ei ole ratkaisu, sillä se tekee sinusta liian kielteisen, mikä aiheuttaa yhä suurempaa pelkoa ja ahdistusta. Jos haavoittunut etsijä sattuu tapaamaan *satgurun*, aidon mestarin, hänen pelkkä läsnäolonsa, kosketuksensa, katseensa ja sanansa voivat parantaa sisäiset haavat olivatpa ne kuinka syviä tahansa.

Lapset, monilla teistä on sisäisiä haavoja, niin paljon tuskaa. Nuo haavat ja tuo tuska antavat toisille vallan haavoittaa teitä yhä uudestaan. Sanat eivät paranna teitä, ei myöskään älyllinen tieto, vaan ehtoja asettamaton rakkaus ja myötätunto, jota koette täydellisen mestarin läheisyydessä. Vain ne voivat parantaa haavanne ja saatte tarvitsemanne voiman, niin ettei kukaan pysty enää loukkaamaan teitä. Ette ole enää haavoittuva, koska enää ei ole psyykkisiä haavoja ja näinollen kenelläkään tai millään tilanteella ei ole enää valtaa vahingoittaa teitä.

Kuitenkin jotta olosuhteet eivät enää vaikuttaisi teihin, teidän on työskenneltävä poistaaksenne kivun ja loukatut tunteenne. Mutta ette voi tehdä sitä yksin. Olette niin sanotusti sairas potilas, ettekä tiedä riittävästi sairaudestanne tai sen hoidosta. Tarvitsette pätevän parantajan, joka kykenee porautumaan mielenne sy-vyyksiin, ja joka näkee selvästi ongelmanne ja poistaa ne. Pelkän tavallisen näkökyvyn omaava henkilö ei voi auttaa teitä. Vain ihminen, jonka sisäinen silmä on auennut, pystyy parantamaan teidät ja tuo henkilö on satguru.

Jos teistä tuntuu, että väärän gurun kanssa kokemanne jälkeen ette voi enää luottaa kehenkään, niin kuka siinä häviää? Ei ainakaan oikea mestari, joka on halukas auttamaan teitä. Hän ei tee eroa sen välille antauduteko hänelle vai ette. Koska *satguru* on ehdottoman täydellinen juuri sellaisena kuin on, hänellä ei ole voitettavaa eikä menettävää. Hän ei tarvitse kenenkään ylistystä tai ihailua. Hänellä ei ole tarvetta olla kuuluisa eikä hän tarvitse oppilaita. Mestari on kaikkein rikkain kaikista olennoista, koko maailmankaikkeus on hänessä. Hän on koko maailmankaikkeuden mestari. Hänen pelkkä läsnäolonsa tuo oppilaan elämään jatkuvasti uusien käänteiden ristiaallokoita, jotka vievät oppilaan muutokseen. Siihen ei liity pakkoa, eikä mestari aseta mitään vaatimuksia. Jos luotatte häneen, teille on siitä paljon hyötyä, mutta jos ette luota häneen, pysytte vain sellaisena kuin olette.

Olettakaamme teidän kulkevan erittäin ihania kukkia täynnä olevan puutarhan ohi. Vilkaistessanne kukkia häivähdys niiden kauneudesta ja tuoksusta saavuttaa teidän. Mutta sen sijaan, että pysähtyisitte ihastelemaan puutarhan kauneutta kävelettekin välinpitämättömänä ohi. Kuka siinä menettää? Kukilla ei ole mitään voitettavanaan tai menetettävänään. Sen sijaan te menetitte jotain sellaista mikä olisi voinut olla ihana kokemus. Välitittepä nauttia niistä tai ette, kukat kukoistavat ja jatkavat kauneutensa ilmaisemista. Ne vain antavat itsensä maailmalle ilman pienintäkään ylistyksen tai ihailluksi tulemisen tarvetta."

Uskoa ei voi menettää kokonaisuudessaan

"Kysyt kuinka uskon voi sytyttää uudestaan, jos on kadottanut sen väärien gurujen aiheuttamien katkerien kokemusten vuoksi. Lapset, teidän uskonne ei kuitenkaan katoa täysin. Luottamus johonkin asiaan tai henkilöön voi kadota, mutta itse usko kokonaisuutena ei katoa.

Useimmat ihmiset päättävät edistyä elämässään jopa tuon kaltaisten katkerien kokemustenkin jälkeen. He ovat saattaneet kadottaa uskonsa henkisyyteen ja kaikkiin henkisiin mestareihin, mutta he eivät ole kadottaneet uskoaan itse elämään. Kaiken kaikkiaan voi havaita, että he elävät normaalia elämää. He tekevät työtä ja monet perustavat perheen. Joten he yhä uskovat moniin asioihin. Hyvin harvat ihmiset pitävät henkisyyttä tärkeänä osana elämää. Ja sitäkin harvemmille se on elämäntapa, elämän varsinainen ydin. Mainitsemasi traumaattiset kokemukset olisivat järkyttävä isku kenelle tahansa. Kuitenkin on etsijöitä, joilla on mielen voimaa, rohkeutta ja henkistä ymmärrystä selviytyä alkujärkytyksestään ja pettymyksestään. He oivaltavat, että niin kutsuttu guru ei ollutkaan oikea mestari ja että he tekivät valitettavan erehdyksen luottaessaan häneen. Tällaisen erittäin ahdistavan kokemuksen jälkeen aidolla etsijällä on henkistä kypsyyttä oivaltaa mitä tosiasiassa tapahtui. Hän hylkää välittömästi väärän gurun ja ryhtyy etsimään täydellistä mestaria, joka voi opastaa hänet päämäärään, Jumaloivallukseen.

Sellainen etsijä varmasti löytää oikean mestarin. Tai oikeammin sanottuna Mestari löytää hänet. Mestari ilmestyy hänen elämäänsä, ilman että hänen tarvitsisi kulkea opettajaa etsimässä. Näin tapahtuu, koska etsijä on vilpitön ja hänellä on syvä kaipuu. Sen täytyy tapahtua.

Vilpittömälle etsijälle henkisyys ei ole vähäpätöinen elämän alue - se on osa häntä niinkuin hänen oma hengityksensä. Hänen uskonsa on horjumaton. Mikään ei voi tuhota hänen uskoaan siihen, että Jumaloivalluksen kokeminen on mahdollista, tai uskoa sellaisiin suuriin mestareihin, jotka ovat vakiintuneet tuohon tilaan.

Jopa sellaiset ihmiset, jotka ovat joutuneet val-heellisen gurun petkuttamiksi ja sen takia jättäneet henkisen elämän, eivät ole täysin menettäneet uskoaan. Heidän kaipuunsa tuntea Jumala ja olla todellisen mestarin seurassa on edelleenkin syvällä heissä. Se saattaa olla piilossa jonkin aikaa, mutta ajan ollessa kypsä se tulee varmasti jälleen esiin. Joskus se saattaa tapahtua, kun he kuulevat suuresta *satgurusta* tai näkevät hänen kuvansa, tai jos he sattuvat tapaamaan Itsen oivaltaneen sielun. Heidän on täytynyt maistaa Jumalan autuutta joskus, joko tässä tai edellisessä elämässään. Tuon kokemuksen muisto on taltioituneena heissä ja valmiina tulemaan esiin heti sopivan hetken koittaessa.

Jos ette enää usko henkisiin mestareihin, se johtuu siitä, että ette enää usko henkisyyden olevan todella tarpeellista ja että se olisi elämän välttämätön osa. Saatatte uskoa voivanne elää ilman uskoa ja tietysti voitte tehdä niin tiettyyn rajaan asti, mutta elämästänne tulee puuttumaan todellinen viehättävyys, rikkaus, ilo ja tarkoituksellisuus. Olettakaamme, että joutuisitte kärsimään suuren menetyksen liiketoimissanne. Menettäisittekö sen vuoksi toivonne ja päättäisittekö jäädä joutilaiksi koko loppu-elämäksenne? Tietenkään ette, vaan yrittäisitte korvata tappionne ottamalla käyttöönne tehokkaampia keinoja liiketoiminnassanne. Saatatte alussa tuntea pettymystä, mutta sitten kohottaudutte ja aloitatte alusta. Teillä ei ole vaihtoehtoa, sillä kyse on selviytymisestä - se on vält-tämätöntä. Niinpä uskonne onnistumiseen palautuu ja ryhdytte taas työhön. Joku saattaa kysyä, miksi ihmiset eivät suhtaudu samalla tavoin henkisyyteen ja henkisiin mestareihin. Jos he kokevat pettymyksiä henkisellä tiellä, miksi heillä ei ole pakottavaa tarvetta jatkaa? Vastaus on se, että he eivä todellakaan usko, että henkisyys on olemassaolon ehto. Vallalla on yleinen uskomus, että jos kadotamme uskon henkisiin periaatteisiin, voimme elää ilman niitä, koska siitä ei seuraa meille mitään vakavaa haittaa.

Olette joskus saattaneet uskoa henkisyyteen ja olette luottanut johonkuhun, jonka uskoitte olevan todellinen mestari. Valitettavasti kuitenkin kadotitte uskonne huonojen kokemustenne takia ja tämä osa elämäänne ilmeisesti suljettiin lopullisesti. Mutta se ei kuollut täysin. Pieni osa siitä jäi elämään. Ennemmin tai myöhemmin tästä 'vihreästä' elämän alueesta lähtee henkisyyden verso jälleen kasvuun - mutta se voi tapahtua vasta kohdattuanne *satgurun*. *Satguru* sytyttää uskonne ja parantaa haavanne sekä menneisyyden kokemustenne aikaansaaman kivun.

Lapset, jos uskonne Jumalaan ja henkisyyteen on ollut vilpitöntä ja viatonta alusta alkaen, uskonne elpyy vähitellen, ovatpa kokemuksesi olleet millaisia tahansa.

Amma tuntee useita ihmisiä, joilla on ollut katkeria kokemuksia valheellisten gurujen kanssa, jotka ovat horjuttaneet heidän uskonsa itse perustaa. Kuitenkin he saavuttivat jälleen uskonsa ja he ovat jälleen innostuneita jatkamaan *sadhanaansa* (henkisiä harjoituksia). Amma tietää, että sellaisia ihmisiä on paljon myös täällä tänään. Lapset, ainoastaan usko Jumalaan tai *satguruun* tekee teidät onnellisiksi ja tyytyväisiksi ja tekee elämästänne iloisen juhlan.

Jos ajattelette asiaa tarkemmin niin huomaatte, että käsityksenne kaikista mestareista huijareina on yhteen huonoon kokemukseenne perustuvaa ennakkoluuloa. Olettakaamme teidän menevän kirjastoon. Poimitte hyllyltä kirjan ja se sattuu olemaan kolmannen luokan romaani. Reagoitte kävelemällä ulos kirjastosta toteamalla itseksenne: 'Voi, ei! Kaikki tämän kirjaston kirjat ovat arvottomia!' Siellä saattaa olla monia hyviä kirjoja, mutta hätäinen tuomionne estää teitä löytämästä niitä ja nauttimasta niistä.

Tai olettakaamme, että menette elintarvike-kauppaan ostamaan maitoa, mutta epähuomiossa kävelettekin viinakaupan ovesta sisään. Kiiruhdatte välittömästi autoonne ja ajaessanne paikalta toteatte itseksesi: 'Onpa kamalaa! Tämän alueen kaikki kaupat ovat viinakauppoja!' Eikö se olisi typerää? Älkää olko liian nopeita arvostelemaan ja tekemään johtopäätöksiä. Olkaa rauhallisia ja kärsivällisiä. Käyttäkää arvostelukykyänne ja olkaa avoimia. Muuten aivan varmasti menetätte elämässäsi suurenmoisia tilaisuuksia ja monia arvokkaita kokemuksia."

Satguru on kaikkien vasanoiden tuolla puolen

Lyhyen, meditatiivisen hiljaisuuden jälkeen joku kysyi:
"Amma, kuinka henkisellä mestarilla, jonka oletetaan olevan kaikkien *vasanoiden* (halut ja mieliteot) tuolla puolen, voi olla seksuaalisia haluja?"

Äiti: "Todellinen henkinen mestari on mielen ja egon tuolla puolen. Sellaisen mestarin koko seksuaalinen energia on muuntunut puhtaaksi *ojasiksi* (elinvoimaksi), jota hän käyttää maailman hyväksi.

Satguru on siirtynyt pois seksuaalisuuden keskuksesta, olemassaolon alimmasta keskuksesta *sat-chit-anandaan* (olemassaolo-tietoisuus-autuus), olemassaolon ylimpään keskukseen. Kaikki halut ovat mielessä. Kun mieli katoaa, halut eivät enää tule kysymykseen. Tuossa tilassa ei ole jäljellä merkkiäkään haluista. Niin kutsutut gurut, jotka käyttävät oppilaitaan hyväkseen seksuaalisesti tai muulla tavoin, tai jotka yrittävät pakkosyöttää heille ajatuksiaan, eivät ole aitoja mestareita - kaukana siitä. He samaistuvat yhä voimakkaasti omaan mieleensä ja sen haluihin. Todellinen mestari auttaa oppilaitaan pääsemään *vasanoistaan*. Hän pyrkii vapauttamaan heidät maailman tarjoamien ohikiitävien houkutusten ja nautintojen otteesta. Mestari opettaa oppilastaan, jonka onni on ollut riippuvainen ulkoisista kohteista, tulemaan riippumattomaksi ja löytämään onnen ja tyytyväisyyden omasta Itsestään. Voidakseen opastaa oppilaan vapauteen vankilastaan, mestarin itsensä täytyy olla täysin vapaa *vasanoiden* otteesta. Hänen täytyy olla täysin vapaa samastumisesta mieleen ja sen haluihin. Kuinka hän voisi vapauttaa oppilaitaan, jos hän itse on yhä mielen oikkujen ja haaveiden orja. *Satguru* elää tässä maailmassa pyrkien epäitsek-käästi opastamaan muut ulos pimeydestä. Sanojensa ja tekojensa kautta hän jatkuvasti antaa oppilailleen ja seuraajilleen esimerkin jota seurata. Hän on kaikkien maailman pyhien kirjoitusten elävä todistaja. Sellainen mestari on kaikkien jumalallisten ominaisuuksien kuten rakkauden, puhtauden, uhrautuvaisuuden, kärsivälli-syyden ja anteeksiantamisen ruumiillistuma. Men-neisyyden suuret mestarit ovat antaneet meille selvät ohjeet aidosta mestarista ja hänen ominaisuuksistaan - niinpä meidän ei tarvitse olla hämmentyneitä tai joutua harhaanjohdetuiksi."

Kerran saavutettua henkistä voimaa ei voi kadottaa

Kysymys: "Amma, olet sanonut, että henkisillä harjoituksilla saavutettua henkistä voimaa ei voi kadottaa, vaan se säilyy aina meissä. Mutta kuinka on *sadhakan*, henkisen oppilaan laita hänen horjahtaessaan polulta? Jos esimerkiksi hänen selibaattinsa päättyy yhtäkkiä, tai jos hän räjähtää vihasta, eikö hän menetä kerättyä voimaansa?"

Äiti: "Lapset, kun tuollaista tapahtuu, älkää ajatelko menettäneenne kovalla harjoituksella saavuttamaanne henkistä voimaanne. Jos juututte hautomaan hairahduksianne, luotte itsellesi esteen, joka pysäyttää henkisen kasvun. Ja se puolestaan vahvistaa jo olemassa olevia *vasanoitanne*. *Sadhanan* tarkoitus on vähentää olemassa olevia *vasanoita*, eikä kartuttaa niitä. Kun vihastutte, se ei tuhoa jo *sadhanalla* saavuttamaanne voimaa, mutta se kylläkin vahvistaa kielteisiä taipumuksianne. Kielteisyyden kasvu lisää matkaa Itsen oivaltamiseen, koska nyt on ponnisteltava enemmän.

Lapset, tällöin ei ole mitään syytä kadottaa uskoaan tai tuntea pettymystä. Sadhanalla saavuttamenne henkinen energia jää. Ponnistelunne tai tekojenne tuloksia ei myöskään voida tuhota. Vaikka olisitte tehneet sadhanaa vain yhden sekunnin ajan sen ansio säilyy ja teidän tulee vain jatkaa ja tehdä loput. Älkää koskaan luopuko toivosta. Älkää menettäkö uskoanne tai innostustanne.

Maallisessa elämässä asiat saattavat epäonnistua kahdella tavalla: tapahtuu ehkä täydellinen tuho, tai asiat saattavat kääntyä päinvastaisiksi kuin odotitte. Olet-takaamme teidän viljelleen riisipeltoa. Olette tehnyt töitä ankarasti saadaksenne runsaan sadon. Taimet kasvavat hyvin ja te odotatte hyvää satoa. Mutta sadonkorjuuta edeltävänä yönä nousee hirmumyrsky ja koko sato tuhoutuu. Tässä tapauksessa kylväminen ja lannoittaminen on aloitettava taas alusta.

Tai olettakaamme, että olette ilmoittaneet poikanne yliopistoon. Odotatte hänen opiskelevan ahkerasti ja saavan korkeita arvosanoja, mutta odotuksenne kariutuvat poikanne joutuessa huonoon seuraan. Hän ei välitä edes ilmoittautua kokeisiin. Ja lopulta hänet erotetaan ja hänen elämänsä päättyy tuhoon. Näin asiat voivat kääntyä toiseksi kuin oletitte. Mutta henkisessä elämässä on toisin. Jos olette tehneet minuutinkin ajan *sadhanaa*, saavuttamanne voima säilyy. Sitä ei koskaan voi tuhota. Tuo minuutti varastoituu syvälle teihin eikä koskaan katoa tai tuhoudu, ei edes lukuisten elämien jälkeen. Toisin kuin yrittäessänne saavuttaa maallisia tai materiaalisia tavoitteita, henkistä sadhanaa ette voi koskaan tehdä turhaan. Se kantaa aina hedelmää.

Jos muistatte Jumalaa tai teette *sadhanaa* edes yhden sekunnin ajan, se ei mene koskaan hukkaan. Ansio, jonka näin saavutatte, säilyy teillä ja tulee väistämättä esiin kuin itämätön siemen, joka on yhä tuore ja elävä. Jos olette kutsunut Jumalaa vilpittömästi ja antautunut hänelle edes yhdeksi sekunniksi, tullaan se palkitsemaan. Nuo hetket jolloin muistat Jumalaa pysyvät teissä ja saavat näkyvän muodon oikealla hetkellä. Lapset, pysykää bussissa kunnes tulette perille. Saatatte nähdä kauniita, houkuttelevia näkymiä matkanne varrella. Nauttikaa niistä, jos haluatte, mutta älkää poistuko bussista. Pitäkää päämäärä aina mielessänne. Saavuttuanne määränpäähän voitte poistua bussista, koska silloin kulkuneuvo (usko tai uskonto) on tullut tarpeettomaksi - olette päässeet sen tuolle puolelle. Sieltä käsin voitte halutessanne palata takaisin maailmaan kohottamaan toisia. Toisaalta teidän ei tarvitse palata takaisin lainkaan. Voitte yksinkertaisesi sulautua äärettömään."

Naisella, jonka luona Äiti asui Taosissa, oli musta labradorin-noutaja ja kaksi papukaijaa. Äiti nautti koiran kanssa leikkimisestä. Kaikkien olentojen lailla koira tunsi voimakasta vetovoimaa Äitiin. Heti Äidin nähtyään koira tuli Hänen luokseen. Kun Äiti heitti kepin puutarhan toiseen päähän, koira ryntäsi noutamaan sitä. Häntäänsä villisti heiluttaen se toi kepin takaisin Äidille ja sai iloisen naurun ja hellän taputuksen palkkioksi.

Talon kuistilla häkissä oli kaksi papukaijaa. Joka kerta kun Äiti palasi darshanista, hän pysähtyi puhumaan linnuille ja samalla ruokki niitä kourallisella pähkinöitä. Äiti katsoi papukaijoja hyvin säälivästi ja sanoi: "Tiedän kuinka tuskallista teidän on olla suljetussa häkissä ja kuinka kaipaatte lennellä vapaina taivaalla, minne kuulutte."

Äiti ei kestänyt nähdä, että lintuja pidettiin häkissä. Kerran hänen vieraillessaan ashramissa Reunionilla, Swami Premananda, syntyperäinen reunionilainen, joka oli vastuussa ashramista, näytti Äidille ylpeänä papu-kaijoilla täyteen ahdettua lintuhäkkiä, jonka joku oli lahjoittanut. Mutta sen sijaan, että Äiti olisi ollut iloinen lahjasta, hänen sydämensä murtui, kun hän näki pikkuolennot häkkinsä vankeina lentämässä sen päästä toiseen. Äiti kertoi Swami Premanandalle, ettei kenenkään tulisi koskaan pitää lintuja häkissä yhdessäkään Amman ashramissa. Hän sanoi: "Katsohan poikani, *sanjaasin* oletetaan tuntevan suurta myötätuntoa kaikkia olentoja kohtaan. Hänen tulee tuntea, ei pelkästään ihmisten, vaan myös eläinten, lintujen, kasvien ja koko luomakunnan kipu ja suru. Nämä pienet linnut kärsivät. Ne kuuluvat niiden omaan maailmaan. Me olemme riistäneet niiltä vapauden, joka on niille hyvin kallisarvoinen."

Swami Premananda ymmärsi virheensä ja pyysi Äidiltä anteeksi. Muutamaa päivää myöhemmin hän antoi linnut pois.

Boulder

Elä nykyhetkessä, älä menneisyydessä

Eräs mies tuli Äidin luo ja kysyi: "Äiti, voitko kertoa minulle menneestä elämästäni?"

Äiti taputti häntä hellästi selkään ja sanoi: "Nykyhetki on se, joka täytyy ratkaista, ei menneisyys. Mitä nyt tapahtuu on paljon tärkeämpää kuin se, mitä on tapahtunut aikaisemmin. Vain pitämällä huolta nyky-hetkestä kaikki kysymyksesi ja ongelmasi päättyvät. On hyödytöntä katsella taakseen ja selvitellä edellisiä elämiä. Sellainen ei ole tärkeää. Kaikki nykyhetkessä tapahtuva on seurausta menneisyydestäsi. Selviydy nykyhetkestä tekemällä jokaisesta hetkestä paras ja kaikki tulee olemaan hyvin.

Sinä kannat jo nyt raskasta taakkaa. Siinä sinulla on valtavasti purkamista. Oppimalla tuntemaan aikai-sempaa elämääsi, sinä vain lisäisit painoa jo olemassa olevaan taakkaasi. Amma voisi kertoa sinulle kuka olit, mutta hän ei tee sitä, koska se vain vahingoittaisi sinua. Sen kertominen ei hyödyttäisi mitään. Amma ei koskaan tee tai sano mitään, mikä vahingoittaisi hänen lapsiaan. Hänen tarkoituksensa on auttaa sinua kehittymään ja avautumaan, ei sulkeutumaan.

Olettakaamme, että Amma kertoisi sinulle men-neistä elämis-täsi, kuka olit, mitä teit ja niin edelleen. Entäpä jos saisit tietää, että jotkut ihmiset, joiden kanssa olet nyt tekemissä tai joku hyvin läheinen ihminen, on vahingoittanut sinua edellisessä elämässäsi? Se aiheuttaisi turhaa mielen kuohuntaa.

Jollekin saattaisi selvitä, että hänen aviomiehensä tai vaimonsa on menneisyydessä loukannut häntä syvästi, tai hän on menneisyy-dessä saattanut vihata jotakuta, josta hän nyt pitää hyvin paljon. Onko mitään syytä muistella sellaisia asioita? Se olisi vain tuhoisa.

Vaikka Amma tietää kaiken aikaisemmista elä-mistäsi, hän on mieluummin paljastamatta niitä. Sinä olet tullut Amman luo parantuaksesi menneisyyden haavoista, et saamaan uusia haavoja. *Satgurun* ainoa tavoite on vetää sinut ylös menneisyyden suosta eikä palauttaa sinua sinne takaisin. Menneisyytesi on kärsimystesi aiheuttaja. Mestari pitää huolen siitä, ettei sinun tarvitse enää kärsiä. Hän haluaa opastaa sinut kaiken kärsimyksen tuolle puolen.

Amma tuntee erään naisen, jolle meedio oli kertonut hänen aiheuttaneen aviomiehensä kuoleman edellisessä elämässä. Meedio kertoi hänen antaneen miehelleen vahingossa väärää lääkettä, joka oli tappanut tämän. Kuultuaan tämän nainen kärsi valtavasti ja sai lopulta hermoromahduksen. Joten, jos menneisyys aiheuttaa meille tällaista, miksi meidän pitäisi tietää siitä? Tietysti menneisyyteen liittyy monia iloisiakin tapahtumia, mutta ihminen on taipuvainen hautomaan kipeitä ja masentavia tapahtumia mieluummin kuin muistelemaan miellyttäviä asioita.

Ihmisen on kuoltava menneisyydelleen, jotta hän voittaisi epä-täydellisyytensä ja ylittäisi rajallisuutensa. Kaikilla on kyky tehdä tämä edellyttäen, että heillä on oikeanlaista päättäväisyyttä. Unohda kuka olit, tai mitä olet saattanut tehdä menneisyydessä. Keskity siihen, millaiseksi haluat tulla. Tehdessäsi sen, mikä on vält-tämätöntä tuon päämäärän saavuttamiseksi, anna tulevaisuuden myös mennä. Kuka tai mikä lienet olet ollutkin tähän asti, sillä ei ole pienintäkään merkitystä. Menneisyyttä voidaan verrata hautausmaahan ja eläminen sellaisessa paikassa ei olisi järkevää, vai kuinka? Unohda menneisyytesi. Muistele mennyttä vain, kun sinun pitää todella tehdä niin, mutta älä asetu asumaan sinne.

Valmikin, ensimmäisen runoilijan ja suureepoksen *Srimad Ramayanan* kirjoittajan, tarina on suurenmoinen esimerkki siitä, kuinka on mahdollista unohtaa menneisyys kokonaan huolimatta siitä, miten negatiivisiä teot saattanevatkin olla.

Ratnakaran (Valmikin aikaisempi nimi) oli rosvo. Hän elätti vaimoaan ja kolmea lastaan ryöstämällä matkaajia, jotka kulkivat sen metsän halki, missä hän asui. Hän oli häikäilemätön mies, joka ei koskaan ajatellut Jumalaa, moraalia tai etiikkaa.

Eräänä päivänä seitsemän *rishiä* (suuria pyhi-myksiä) sattui kulkemaan metsän poikki. Kuten tavallista, Ratnakaran loikkasi heidän eteensä väläytellen veistään ja uhaten tappaa heidät, elleivät he luovuttaisi omaisuuttaan. Rishit, jotka olivat oivaltaneet kuole-mattoman Atmanin eläen pysyvästi korkeimmassa totuudessa, olivat rau-hallisia. Rosvon uhkailuista huolimatta he pysyivät tyyninä. He sanoivat Ratnakaranille: 'Me emme pelkää kuolemaa. Annamme sinulle kaiken mitä omistamme, mutta ennen kuin luovumme kaikesta, haluaisimme sinun vastaavan yhteen kysymykseen.' Ratnakaran suostui heidän pyyntöönsä. Pyhimykset pyysivät häntä kertomaan, keiden vuoksi hän teki noita kauheita tekoja. 'Vaimoni ja lasteni vuoksi,' tuli vastaus. Pyhimykset kysyivät häneltä: 'Ovatko vaimosi ja lapsesi halukkaita myös ottamaan osansa synneistäsi?' Ratnakaran joutui ymmälleen ja halusi mennä kysymään asiaa vaimoltaan ja lapsiltaan. Rishit antoivat sanansa, etteivät lähtisi minnekään, ennen kuin hän tulisi takaisin.

Rosvo juoksi nopeasti taloonsa ja kysyi vaimoltaan, olisiko tämä valmis jakamaan niiden pahojen tekojen seuraukset, joita hän teki elättääkseen häntä. Vaimo vastasi: 'En! Sinun on yksin kärsittävä tekojesi seurauksista!' Ratnakaran kääntyi lasten puoleen toivoen heiltä enemmän sympatiaa. Mutta he kaikki kieltäytyivät kantamasta vastuuta hänen tekemistään synneistä. Ratnakaran oli järkyttynyt. Hän riensi takaisin rishien luo, jotka odottivat häntä kärsivällisesti. Hän lyyhistyi heidän jalkojensa juureen ja anoi heidän anteeksiantoaan. Hän antautui heille kokonaan. Suurta myötätuntoa tuntien he opastivat häntä neuvoillaan, antoivat hänelle mantravihkimyksen ja kehottivat häntä tekemään *tapasia* (katumusharjoituksia), kunnes oivaltaisi Jumalan. Ratnakaran istuutui samantien metsässä maahan ja täysin liikkumattomana kuin kallio hän uppoutui meditaatioon.

Hän oli istunut samassa paikassa vuosia tehden ankaria itsekuriharjoituksia, kunnes eräänä päivänä rishit kulkivat jälleen ohi. He muistivat aiemman kohtaamisensa Ratnakaranin kanssa. He tunsivat ilmapiirissä vallitsevan suurenmoisen rauhan. He löysivät hänet syvässä meditaatiossa täysin termiittikeon peittämänä. Hän oli tehnyt ankaraa *tapasia* ja saa-vuttanut korkeimman oivalluksen.

Kun rishit herättivät hänet tuosta vaipuneisuuden tilasta, he kehottivat häntä lähtemään maailmaan ja pyhittämään sen läsnäololollaan, sanoillaan ja teoillaan. Koska hän istui termiittikeossa, joka on sanskritiksi *valmikam*, rishit antoivat hänelle nimen *Valmiki*.

Tämä kertomus osoittaa, että on mahdollista vapautua menneisyydestä, jättää se taakseen ja siirtyä täysin erilaiselle tietoisuuden tasolle. Menneisyys on mielen tuote. Se kuuluu ajatusten ja tekojen maailmaan. Ajatusten tasolta on mahdollista nousta kaikkein korkeimmalle tasolle, totuuden tasolle, sillä edellytyksellä, että sinulla on siihen tarvittavaa päättäväisyyttä ja irrottautumiskykyä. Ajatusten maailmasta sinä pääset ei-ajatuksen tilaan ja toiminnasta siirryt toiminnasta vapaaseen tilaan. Siirryt tilaan, ei-mielen tilaan.

Myötätunnon takia saatat kuitenkin päättää jatkaa toimintaa maailmassa auttaen ja siunaten kaikkia olentoja.

Rosvo Ratnakaranin elämän muuttumiseen tarvittiin vain hänen vaimonsa ja lastensa kielteinen vastaus. Mutta rishien armo ja siunaus auttoivat häntä oivaltamaan silloisen elämänsä turhuuden ja hyö-dyttömyyden enemmän kuin mikään muu. Tämä oivallus kohotti hänet toisenlaiselle ymmärryksen tasolle. Rishien armo synnytti täydelliset olosuhteet hänen antau-tumiselleen. Näin hänen koko elämänkatsomuksensa muuttui täydellisesti hyvin lyhyessä ajassa. Hän havahtui huomaamaan kuinka merkityksettömiä ihmissuhteet saattoivat olla ja kuinka pinnallista oli maailman niin kutsuttu rakkaus. On sanomattakin selvää, että vaikka on väärin elää rosvona, Ratnakaran oli kuitenkin päivin ja öin työskennellyt kovasti vaarantaen elämänsä elättääkseen perheensä. Kun hän sitten kuuli heidän torjuvan hänet armottomasti ajatellen yksinomaan itseään, osoittamatta pienintäkään myötätuntoa häntä kohtaan, yhtäkkiä kaikki paljastui hänelle ja toinen maailma avautui hänen edessään. Kun tämä tapahtui hän yksinkertaisesi siirsi sivuun pelkonsa painolastin sekä huolet ja kiintymykset. Siihen asti hän oli luullut olevansa perheensä rakastama ja kuvitellut, että perheenjäsenet tukisivat häntä kaikissa tilanteissa. Ja nyt hän aivan yllättäen kuuli heidän sanovan 'ei'. Ja hän tajusi, että kun tilanne koittaisi, he kääntäisivät hänelle selkänsä. Tuo 'ei' oli shokkihoitoa, joka avasi uuden tietoisuuden portin, jonka kautta hän yhtäkkiä näki elämän täysin erilaisesta näkökulmasta. Hänen uusi ymmär-ryksensä auttoi häntä antautumaan Jumalalle, päästämään mielestään ja menneisyydestään sekä elämään rauhassa. Hänen karmea menneisyytensä hävisi ja syntyi uusi ihminen. Rajoittunut, julma ihminen kuoli ja uusi, myötätuntoinen sielu syntyi.

Jokainen voi muuttua samalla tavoin. Henkisyyden tie ei ole tarkoitettu vain harvoille ja valituille, vaan kaikille. Kuitenkin armo ja halu antautua ovat kaikkein tärkeimmät seikat, ja kun nämä kaksi asiaa yhdistyvät, tapahtuu muutos. Sekä menneisyys että tulevaisuus häviävät, ja te olette kokonaan läsnä sydämessänne - Itsessä.

Äiti lauloi laulun *Krishna, Krishna, Radha, Krishna.*

Krishna, Krishna, Radha, Krishna

Krishna Krishna Radha Krishna
Govinda Gopala Venu Krishna
Mohana Krishna Madhusudana Krishna
Mohana Krishna Madhusudana Krishna
Murare Krishna Mukunda Krishna

Miten tunnistamme aidon mestarin

Äiti antoi darshanin Lama-säätiön kupolikattoisessa pyöreässä rakennuksessa, joka sijaitsi vuoristossa Taosin yläpuolella. Pidellen yhtä läsnäolijoista halauksessaan hän lauloi autuaallisesti laulua *He Giridhara Gopala.* Kaikki osallistuivat täysin sydämin toistamalla jokaisen Äidin laulaman säkeen.

He Giridhara Gopala

Oi, Giridhara
karjan suojelija
Lakshmin rakastettu
Mura-paholaisen tuhoaja.
Oi, suloinen mielen hurmaaja.

Oi, Nandan poika,
jonka olemus on kaunis,
joka kisailee Vrindavassa
ja soittaa huilua.
Oi, viisaitten suojelija.

Oi, Giridhara,
joka kantaa Kaustubha-jalokiveä otsallaan
ja helminauhaa kaulallaan,
joka leikkii Radhan sydämessä,

ja joka ylevöittää palvojansa.
Oi, Krishna-lapsi.

Oi, karjapaimenten suojelija,
gopien leikkitoveri,
joka nostaa Govardhana-vuoren.
Oi, Nandan poika,voivaras.

Joku alkoi kertoa Äidille kuinka harhautuneita ihmiset ovat tämän päivän maailmassa. Äiti kuunteli häntä kärsivällisesti ja sanoi sitten: "Kyllä, poikani, olet oikeassa. Tämän päivän yhteiskunnassa ihmiset ovat melkein sokeita. He ovat kadottaneet erottelukykynsä ja selkeän arvostelukykynsä katsellessaan asioita vain ulkoisesta näkökulmasta. Heidän tapansa nähdä ja havainnoida kaikkea on hyvin pinnallista. He eivät näe asioita sellaisina kuin ne todella ovat. Elämme yhteiskunnassa, joka on niin tiedostamaton, että se on kuin puoliunessa.

Amma on kuullut seuraavan tarinan. Kerran eräs mies meni lahjatavarakauppaan etsimään ainutlaatuista lahjaa jollekulle. Kierrellessään kaupassa hän hämmästyi nähdessään lasikaapissa ihmiskallon. Kun hän näki sen hinnan, 25.000 dollaria, hän oli vieläkin hämmästyneempi. Ja kun hän näki sitten viereisessä lasikaapissa toisen kallon, jonka hinta oli 50.000 dollaria, hän ei voinut uskoa silmiään. Hyvin uteliaana hän kysyi kauppiaalta miksi kallot olivat niin kalliita. Kauppias sanoi: 'Isompi kallo kuuluu maamme ensimmäiselle hallitsijalle. Ollen niin ainutkertainen ja arvokas kappale ymmärrätte var-maankin, miksi hinta on niin korkea.'

'Ymmärränhän minä', asiakas vastasi. 'Mutta voisitteko kertoa miksi pienempi kallo on kaksi kertaa kalliimpi?' Kauppias vastasi rauhallisesti: 'Ai, tuo pienempi kallo! Se kuuluu myös samalle hallitsijalle. Se oli hänen nuoruuden aikainen kallonsa. 'Mies vastasi: 'Todellakin? Miten ihanaa! Minä otan sen!' "

Naurun laannuttua esitettiin toinen kysymys: "Amma, millainen on oikea henkinen mestari ja kuinka hänet voidaan tunnistaa?"

Äiti: "Henkisellä etsijällä on oltava tietty määrä älyllistä ymmärrystä henkisyydestä ennen kuin hän kykenee tunnistamaan oikean mestarin. Ilman muuta yksi tunnusmerkeistä on välitön rakkaus ja vetovoima, jota tunnemme mestaria kohtaan. *Satguru* on vastustamaton. Hän vetää ihmisiä puoleensa kuin voimakas magneetti raudan paloja. Oikean mestarin ja oppilaan välinen suhde on vertaansa vailla - ei ole olemassa mitään sen veroista. Sillä on pysyvä vaikutus oppilaaseen. Tuosta suhteesta ei oppilaalle koidu koskaan mitään vahinkoa.

On kuitenkin hyvin tärkeää, että käytät erot-telukykyäsi, kun tunnet vetovoimaa johonkin ihmiseen, jonka uskot olevan aito mestari. Saatat kokea spontaania vetovoimaa tuohon henkilöön, mutta tunteesi eivät välttämättä ole riittävän luotettavia, koska et ole vielä pysyvästi todellisen viisauden tilassa. Saatat yksinkertaisesti hypnotisoitua tuon henkilön voimista ja alat uskoa, että hän voi toteuttaa kaikki tarpeesi ja halusi. Niin kauan kuin intuitiosi ei ole todellinen, olennainen osa luontoasi, tunteesi eivät ole aina luotettavia.

Mieti kuinka monta kertaa elämässäsi olet saanut kipeitä psyykkisiä iskuja. Lopulta sinusta tulee suuri, kävelevä haava. Miksi? Väärän arviosi takia. Arvostelukyksi on pettänyt. Karmallinen tekijä on varmasti mukana, mutta muista, että olipa menneisyytesi kuinka voimakas tahansa, se miten suhtaudut nykyhetkeen on paljon tärkeämpää, koska se määrää tulevaisuutesi.

Jos joku kerskailee olevansa guru, eikä ole vakiin-tunut jumaltietoisuuteen, hän vain vahingoittaa ihmisiä ajatuksillaan ja teoillaan. Hän saattaa puhua, kävellä ja olla oikean mestarin näköinen, mutta tarkkaile, rakastaako hän koko luomakuntaa tasapuolisesti ja ehdoitta ja onko hän todellakin myötätuntoinen. Jos vastaus on ei, ole varuillasi, sillä epäilemättä tällainen guru edelleen samaistuu egoonsa. Saadakseen oppilaita luokseen hän saattaa kätkeä egonsa ja näytellä viatonta. Mutta heti saatuaan sinut pyydykseensä hän käyttää sinua hyväkseen, loukkaa sinua ja siten aiheuttaa sinulle syviä haavoja.

Älä heti innostu, jos kohtaat jonkun, joka väittää olevansa Itsen oivaltanut mestari. Ihmiset, jotka väittävät sellaista, voivat olla vaarallisia. Ennen kaikkea, kun henkilö saavuttaa korkeimman oivalluksen tilan, hän kadottaa itsensä *sat-chit-anandan* valtamereen. Silloin rajallinen yksilö katoaa eikä silloin ole ketään julistamassa tai väittämässä mitään. Sinä vain sulaudut autuuden rajattomaan valtamereen ja vaikenet mieluummin kuin puhut siitä mitään. Valaistunut sielu joskus kuitenkin puhuu ihmisille rakkaudesta ja myötätunnosta heitä kohtaan, mutta hän ei koskaan julistaisi: 'Minä olen Itsen oivaltanut! Vien sinut Jumalan luo sillä ehdolla, että antaudut minulle!'

Oikea mestari ei tee mitään erityistä vetääkseen jonkun huomion puoleensa. Siitä huolimatta ihmiset tuntevat vetovoimaa häntä kohtaan. Hänen rakkautensa, myötätuntonsa ja tyyneytensä virtaavat hänestä spon-taanisti ilman minkäänlaista ponnistelua, aivan kuten sade virtaa pilvistä, tai vesi joka virtaa vuolaassa joessa. Niitä, jotka ovat janoissaan, vesi vetää puoleensa.

Jos olet vilpitön, omistautunut ja tunnet riittävästi kaipuuta, olet löytävä täydellisen mestarin ja hän parantaa haavasi. Aito kaipuusi oivaltaa Jumala sisimmässäsi johdattaa sinut *satgurun* luo - tai pikemminkin *satguru* ilmestyy elämääsi. Ole kuitenkin varovainen astuessasi henkiseen elämään, sillä on ihmisiä, jotka osaavat puhua kaunista kukkaiskieltä ja olla vakuuttavia, ja jotka eivät epäröi esittää kaikenlaisia väitteitä. Tarkkaile sellaisia henkilöitä ja pane merkille säteileekö heistä jumalallinen rakkaus ja rauha.

Tämä ei tarkoita sitä, että sinun ei tulisi kuunnella oppineiden henkisiä puheita. On aivan oikein tehdä niin, mutta muista aina olla varovainen ja valpas. Tarkkaile mieltäsi ja tunteitasi. Älä anna valheellisten väitteiden ja lupausten harhauttaa itseäsi. Siksi Amma sanoo, että sinulla tulisi olla hyvä perusymmärrys siitä mitä henkisyys todella on ja mitä haet todellisesta mestarista.

Jos tapaat jonkun joka koko ajan säteilee juma-lallista rakkautta ja myötätuntoa, syvää, mittaamatonta rauhaa, jonkun joka käyttäytyy nöyrästi ja kunnioittaa syvästi kaikkea luotua - jää hänen luokseen. Jumalallista rakkautta ei voi matkia. Henkilö, joka ei ole vielä saavuttanut päämäärää, saattaa puhua kuin päämäärän saavuttanut, mutta hän ei kykene rakastamaan, tai olemaan yhtä myötätuntoinen kuin Itsen oivaltanut olento.

Ainoastaan palava öljylamppu voi sytyttää toisen lampun. Lamppu ilman liekkiä ei voi sytyttää mitään. Palava lamppu voi sytyttää lukemattoman määrän lamppuja, ja silti sen oma liekki pysyy edelleenkin täytenä ja kirkkaampana kuin koskaan menettämättä peinintäkään osaa voimastaan. Samalla tavalla vain jivanmukta, Itsen oivaltanut mestari, kykenee herättämään sinussa juma-lallisuuden. Hän on palava lamppu, joka voi sytyttää niin monta sytyttämätöntä lamppua kuin haluaa ja pysyy kuitenkin aina täytenä ja täydellisenä[12].

Saavuttaessasi jumalatietoisuuden sitä seuraa väistämättömästi myös rauha ja myötätunto, koska rauha ja myötätunto ovat yhtä erottamattomia jumaltie-toisuudesta kuin valo lampusta ja tuoksu kukasta. Sen jälkeen kun lamppu on sytytetty, sen täytyy valaista. Sen jälkeen kun kukka avautuu, se väistämättä levittää tuoksuaan. Samalla tavalla, kun sydämesi kukkii ja muuttuu jumaltietoisuudeksi, rauhasta ja myötätunnosta tulee osa sinua kuten varjosta. Et voi välttää omaa varjoasi. Joten hakeudu sellaisen mestarin luo, josta säteilee alati jumalallinen rakkaus, myötätunto ja rauha tasapuolisesti kaikkia kohtaan, koko luomakuntaa kohtaan. Juuri sellainen on oikea mestari."

---

[12] "Niinkuin lampun liekki sytyttää toisen lampun, siten guru jakaa sitä tietoa, joka ei ole aistein havaittavissa vaan joka on Brahman, ikuinen ja korkein, muotoa vailla, ei määriteltävissä oleva."

⁻ *Guru -Gita.*

Kaikkein jaloimpien arvojemme ruumiillistuma

Kysymys: "Amma, jotkut sanovat, että mestarin on noudatettava omassa elämässään tiettyjä eettisiä ja moraalisia arvoja. Jotkut ovat eri mieltä, mikä on sinun mielipiteesi tästä asiasta?"

Äiti: "Todellinen mestari asettaa aina oppilailleen esimerkin, jota seurata. Hän on kaikkein jaloimpien arvojen ruumiillistuma.

Amma sanoisi, että *satgurun* täytyy ehdottomasti noudattaa moraalisia ja eettisiä arvoja, vaikka häntä eivät sidokaan minkäänlaiset rajoitukset eivätkä lait. Niin kauan kuin mestari on kehossa ja palvelee yhteis-kuntaa, hänen on ehdottomasti noudatettava tiettyjä moraalisia ja eettisiä perusarvoja, sillä vain siten hän voi olla muille esimerkkinä. Jos guru sanoo: 'Katsokaa, minä olen kaiken yläpuolella, ja sen tähden voin tehdä mitä minua huvittaa! Totelkaa minua ja tehkää niin kuin minä sanon,' se voi vain vahingoittaa oppilasta. Se voisi aiheuttaa jopa yhteiskunnan hajoamisen. Todellinen mestari ei koskaan julistaisi sellaista, koska se olisi merkki ylimielisyydestä. Sellainen toteamus itsessään osoittaa, että 'minä' tunne, ego, on yhä kovasti tallella. Todellinen mestari on poikkeuksellisen nöyrä. Hänen asenteensa on kumartua kaiken edessä sallien puhtaan olemassaolon virrata häneen ja ottaa hänet täydellisesti omakseen. Suurilla mestareilla ei ole egotunnetta lainkaan.

Aito mestari on nöyryyden ruumiillistuma. Hänessä voit nähdä todellista antautumista hyväk-symistä ja siten saat esikuvan, jota seurata. Vain täydellisesti antautuneen sielun läsnäolossa oppilas voi antautua spontaanisti ja ilman ponnistuksetta ilman vähäisintäkään tunnetta siitä, että siihen olisi liittynyt pakkoa.

Oppilaan pakottaminen tavalla tai toisella olisi vahingollista - se jos mikään haittaisi hänen kehittymistään. Tosi antautuminen on jotakin, mikä tapahtuu oppilaassa luonnollisesti. Se tapahtuu sisäisesti. Hänen havainto-kyvyssään, ymmärryksessään ja hänen toimintaansa ohjaavissa asenteissa tapahtuu muutos. Koko hänen elämänsä keskipiste muuttuu.

Mestari ei myöskään olisi hyvä esimerkki, jos hän julistaisi ylpeästi: 'Minä olen Itsen oivaltanut,' tai 'minä olen kaiken tuolla puolen.' Jos 'minä' tunne on läsnä, henkilö ei ole saavuttanut oivallusta. Itsen oivallus on 'minä' ja 'minun' tuntojen täydellistä poissaoloa. Sitä voidaan verrata rajattomana taivaana tai avoimena avaruutena olemiseen. Onko avaruudella 'minä' tuntoa? Ei ole, se on vain olemassa. Se vain on *läsnä*. Onko sadepilvellä tai kukalla 'minä' tuntoa? Ei lainkaan. Ne ovat olemassa lahjana maailmalle. Samoin oikea mestari, joka on vakiin-nuttunut Itseen, antaa itsensä maailmalle. Menneisyyden kaikki suuret mestarit, muinaiset pyhimykset ja viisaat olivat korkeimpien ja jaloimpien arvojemme täydellisiä esimerkkejä.

On ihmisiä, jotka sanovat: 'Miksi jäljitellä tai seurata muinaisia näkijöitä? Hehän elivät aikakausia sitten.' He jatkavat: 'Henkisyyden ja henkisten mestareiden on muututtava ja tultava joustavammiksi, koska tämänpäivän maailma on täysin erilainen.' Ken puhuu näin, tulisi ymmärtää, että on vain yksi totuus. Ihmiset saattavat puhua totuudesta eri tavoilla, mutta kokemus on yksi ja sama. Totuus on jo selitetty. Mitään uutta totuutta ei ole. Uuden totuuden pyytäminen olisi lapsellista. Sitä voitaisiin verrata koululaiseen, joka sanoo opettajalleen: 'Kaikki opettajat kertovat jatkuvasti, että kolme plus kolme on kuusi. Olen kyllästynyt kuuntelemaan samaa, vanhaa vastausta yhä uudestaan ja uudestaan. Miksi ette anna meille uutta vastausta ja tee kolme plus kolmen tuloksesta vaihteen vuoksi jotakin muuta?'

Ei, se ei ole mahdollista. Joku saattaa esittää sen eri tavoin, mutta ette voi keksiä uutta totuutta vain oman mukavuutenne takia. Vaikka guru onkin kehon tuolla puolen ja vailla inhimillisiä heikkouksia, niin oppilaat eivät sitä ole. He samaistuvat yhä kehoonsa ja egoonsa. Joten siksi he tarvitsevat elävän esimerkin, kaikkien jumalallisten ominaisuuksien ruumiillistuman, johon he voivat tukeutua. He saavat innoitusta mestarista. Siitä syystä todellinen mestari pitää hyvin tärkeänä siveellisyyttä ja moraalia. Hän itse pitää ehdottomasti kiinni noista arvoista antaakseen esimerkin ja inspiroidakseen oppilaitaan.

Tietysti eri kansojen tavat, eettiset ja moraaliset arvot saattavat vaihdella. On kuitenkin tiettyjä uni-versaaleja periaatteita, joita ihmiset ovat jakaneet kautta vuosisatojen. Esimerkiksi totuudellisuus on aina soveltunut jokaiselle yksilölle, yhteiskunnalle ja kansalle. Totuus, rauha, rakkaus, epäitsekkyys, uhrautuvaisuus ja nöyryys ovat kaikki yleismaailmallisesti sovellettavissa olevia arvoja.

Jumalallinen riisivesi

Santa Fen ensimmäinen Devi Bhava oli juuri alkamassa Steve ja Cathi Schmidtin olohuoneessa. Äidistä huolehtiva brahmacharini tuli heidän luokseen ja tarjosi kupillisen pelkkää *kanjia* (riisivettä), josta Äiti oli juonut. Kun Steve ja Cathi joivat sitä hieman, he tunsivat välittömästi *prasadin* vaikutuksen. Steve, kuten hän myöhemmin kertoi Br. Amritatmalle, tunsi yhtäkkiä humaltuvansa onnesta. Hän tunsi olevansa täysin irti kiireisestä touhusta ympärillään. Cathi reagoi istuutumalla nurkkaan ja sulkemalla silmänsä. Hän istui siten useita tunteja kokien syvää rauhaa ja iloa täysin tietämättömänä jumalallisesta näytelmästä ympärillään. He olivat tuossa tilassa useita tunteja. Talo alkoi täyttyä Devi-bhavaan tulleista ihmisistä. Mutta kun isäntäväki oli poissa tästä maailmasta, maistettuaan jumalallista kanjivettä, syntyi hämmennystä siitä, miten alkaa, sillä ei ollut ketään ohjaamassa järjestelyjä. Tämä oli Steven ja Cathin ensimmäinen kokemus Äidin jumalallisesta voimasta.

Chicago

Todellinen jnani

Äiti antoi darshania Suur-Chicagon hindu-temppelissä. Hän lauloi laulua *Rama Nama Tarakam*, erään palvojan levätessä hänen sylissään.

100

Rama Nama Tarakam

Raman nimi opastaa meidät
sielunvaelluksen valtameren yli,
ja antaa meille sekä vaurautta settä vapautuksen.

Tuo nimi joka hurmasi Sitan
antaa turvan koko maailmalle.
Sitä nimeä palvovat ja ylistävät
Shiva ja muut jumalat.

Rama Hare, Krishna Hare!
Palvon alati Sinun nimeäsi.
Päästäksemme maallisen olemassaolon
valtameren ylitse
meillä ei ole muuta keinoa kuin
Herran nimet.

Laulun loputtua Äiti laski palvojan sylistään. Mies nosti päätään kuin olisi tullut toisesta maailmasta. Hänen kasvoillaan näkyi syvä autuus.

Darshanin jatkuessa intialainen oppinut brahmiini kysyi Äidiltä: "On eräitä *jnaneja* (Itsen täydellisiä tuntijoita), jotka eivät toimi laisinkaan. Näyttää siltä kuin he siunaisivat ihmisiä tekemättä mitään. Amma, voisitko selventää asiaa hieman?"

Amma: "Mikä saa sinut luulemaan, että *anughraha* (siunaaminen) on niin merkityksetöntä? Maailmankaikkeus kaikessa loistossaan on siunaus. Ihmiseksi syntyminen on harvinainen siunaus. *Jnani* siunaa ihmisiä antamalla heille rauhaa, onnea ja vaurautta. Kuka muu voisi tehdä tämän paitsi todellinen *jnani?* Ei kukaan maailmassa voisi antaa sellaisia siunauksia kuin hän, joka on yhtä Jumalan kanssa. Todellisen mestarin armo on kaiken kattavaa, se vaikuttaa ihmisen elämään kokonaisuutena saaden sen eri piirteet kukoistamaan.

101

Sanot, että *jnani* ei tee mitään. Tarkoitatko tällä lukenutta, korkeasti oppinutta henkilöä, joka sanoo olevansa *jnani*? Sellainen ei ehkä tee mitään, paitsi sanoo: 'Minä olen Brahman'. Mutta todellinen *jnani* on aina jollakin tavalla aktiivinen, hän hyödyntää maailmaa läsnäolollaan, sanoillaan ja teoillaan. Vaikka *jnani* ei tekisikään ruumiillista työtä eikä näin ollen näyttäisi tekevän mitään tavallisen ihmisen näkökulmasta katsottuna, hän kuitenkin tosi-asiassa siunaa ihmisiä pelkällä läsnäolollaan. Hänen ei tarvitse tehdä rituaali-uhrauksia, *yagoja* tai *yagnoja* (rituaalisia uhrauksia) siunauksensa toteuttamiseksi, koska hänen elämänsä jo sellaisenaan on anti. Hänen kauttaan virtaa armo, siunaus ja Jumalan loputon voima. Itseasiassa todellinen *jnani* on Jumala. Siksi ihmiset väistämättä kerääntyvät hänen luokseen, vaikka hän yrittäisi pysytellä erossa heistä. Joten ei voi tuomita tai sanoa, että *jnani* ei tee mitään vain siksi, että hän ei näytä olevan fyysisesti aktiivinen.

Yleensä *jnani* kuitenkin asettaa esimerkin olemalla fyysisestikin aktiivinen. Poikkeuksina tähän sääntöön ovat sellaiset jnanit, jotka näyttävät tekevän ei-mitään. Tavallisen ihmisen on aivan mahdoton edes yrittää ymmärtää mitä sellaiset olennot antavat maailmalle.

Krishna oli täydellinen Itsen tuntija. Hän oli poikkeuksellisen dynaaminen ja jatkuvasti tekemässä erilaisia asioita. Hän oli täydellinen toiminnan kaikilla eri alueilla. Vaikka Krishna oli vertaansa vailla Hän on vain yksi esimerkki. Monet suuret sielut ovat teoillaan asettaneet esimerkin ja hyödyttäneet maailmaa tavattomasti.

Jivanmukti, vapautus syntymän ja kuoleman kehästä, ei ole jotakin mitä saavutetaan kuoleman jälkeen. Sitä ei myöskään koeta tai lahjoiteta sinulle toisessa maailmassa. Se on täydellisen tietoisuuden ja mielen-tyyneyden tila, mikä on mahdollista kokea täällä ja nyt, tässä maailmassa, vielä kehossa eläessämme. Toisinaan suuret mestarit antavat Itsen tiedon joillekin oppilaistaan sillä hetkellä, kun nämä jättävät kehonsa (*videha-mukti*). Koettuaan Atmaniin ykseydessä olemisen, korkeimman totuuden, näiden siunattujen sielujen ei tarvitse syntyä uudestaan. He sulautuvat äärettömän tietoisuuden kanssa.

Kun *jivanmukti*-tila on kerran saavutettu, et koe joutuvasi erilleen kehostasi kuoleman hetkellä tai kadottavasi yksilöllisyyttäsi, sillä samaistuminen kehoon on päättynyt jo ennen kuin keho kuolee. Toisin sanoen olet keholle kuollut, vaikka vielä elätkin tässä maailmassa. Tätä kaikkein korkeinta tilaa kutsutaan *mokshaksi*, vapau-tumiseksi kaikesta kiintymyksestä kehoon.[13] Tämä korkein tavoite on saavutettavissa jo itse tässä elämässä. Ainoastaan A*tma*n on subjekti, se joka näkee - Näkijä. Kaikki muu, se mikä nähdään, on objekti. *Atma jnanan* (Itsen tunteminen) tarkoitus on, että Atman tuntee Atmanin, Itse kokee Itsen. Itseä ei voi tuntea tai kokea mikään muu kuin Itse, joka asuu Itsessä. Jos Atman voitaisiin kokea jollakin muulla tavoin, Atman olisi vain objekti siinä missä jokin muu objekti. Tällöin pitäisi olla jotain Atmanista erillistä, jolla Atman voitaisiin havaita. Ei mikään, mikä on erillinen Itsestä, voi nähdä tai tuntea Itseä. Sillä vain Itse on todellinen 'Minä', se joka näkee kaiken ja on kaiken 'kokija'. Kokemukset vaihtelevat, mutta kokija - kaikkien kokemusten perusta - on yksi ja sama. Ei ole olemassa mitään, mikä voisi tuntea Atmanin paitsi Atman itse - subjekti tuntee subjektin. Tätä tarkoittaa Itsen tunteminen. Joten jos joku kuvittelee ymmärtäneensä Itsen, teidän tulee käsittää, että hän ei tunne sitä, koska Itse ei ole objekti, joka voidaan tuntea - Itse on se, joka tuntee Itsen tai kokee Itsen.

Itsen tuntemisen lopullinen tila ei varsinaisesti ole kokemus, se on pikemminkin *kokemisen* tila - katkeamaton ja ikuinen."

Madison

Madisonissa Äiti vieraili David ja Barbara Law-rencen luona. He olivat Nealun vanhoja ystäviä. Molemmat olivat Äidin innokkaita seuraajia. Myöhemmin heidän tyttärensä Rasya kiintyi syvästi Äitiin ja muutti hänen San Ramonissa sijaitsevaan keskukseensa.

---

[13] Amman viittaus kehoon sisältää tässä myös mielen ja älyn.

103

Shraddha

Eräänä iltana kun Äiti nousi autoon lähteäkseen ohjelmapaikalle, Gayatri oli myöhässä ja Äidin oli odoteltava häntä. Hän oli pakkaamassa Äidin tavaroita koriin tuodakseen ne mukanaan autoon. Kun hän viimeinkin kiiruhti juosten autolle, Äiti moitti häntä *shraddhan* puutteesta.

Matkalla ohjelmapaikalle Äiti sanoi: "Amma ei halua itseään palveltavan, eikä teidän käyttäytymisenne häiritse häntä, mutta henkisen etsijän tulisi olla kaikissa toimissaan valpas ja tarkkaavainen. *Shraddhaan* sisältyy sekä rakkaus että usko. Kun teillä on rakkautta ja uskoa, tarkkaavaisuus seuraa automaattisesti kaikissa toi-missanne. Elämä tuo tullessaan odottamattomia kokemuksia. Jollemme ole joka hetki tarkkaavaisia ja valppaita, emme kykene selviytymään niistä ja kohtaamaan niitä rohkeina. Yksilön tilanne elämässä on kuin on kuin sotilaan taistelutantereella. Voit hyvin kuvitella kuinka sotilaan on oltava taistelun keskellä valpas ja tarkkaavainen. Hyökkäys voi tulla mistä suunnasta tahansa. Jollei hän ole kaiken aikaa äärimmäisen valpas ja tarkkaavainen, hän voi saada surmansa. Samalla tavalla elämä voi tuoda eteesi mitä tahansa kokemuksia, milloin tahansa. Tarvitset hyvin paljon shraddhaa, että voit toivottaa kaiken tervetulleeksi ja että pysyt rauhallisena kaikissa olosuhteissa. Tätä henkisyys opettaa meille. Henkiselle etsijälle ei mikään ole niin tärkeää kuin shraddha. Älä ajattele, että Amma on turhan tarkka pienissä asioissa. Amma yrittää vain auttaa sinua kehittämään tuota kaikkein tärkeintä ominaisuutta. Jopa tehdessäsi kaikkein vähäpätöisintä ja näennäisesti kaikkein merkityksettömintä työtä, sinulla täytyy olla *shraddhaa.*"

Myöhemmin tuona yönä Äiti puhui Gayatrista brahmachareille. Äiti puhui hyvin hellästi. Hän sanoi: "Amma tietää, että hän on surullinen. Hän saattaa ajatella Äidin olevan vihainen hänelle ja siltä se saattaa vaikuttaa. Mutta Amma ei ole ollenkaan vihainen. Amman sydän sulaa hänen ajatellessaan Gayatrin epäitsekkyyttä ja vilpittömyyttä ja sitä, kuinka äärimmäisen kovasti hän tekee työtä." Kun Äiti puhui, Hänen äänensä oli täynnä syvää rakkautta ja myötätuntoa.

Äiti vieraili Madisonissa vammaisten lasten hoito-kodissa. Äiti oli kauan lasten parissa antaen jokaiselle paljon huomiota. Hän kyseli heidän vointiaan, piti heitä sylissään, hyväili heitä, kujeili ja leikki heidän kanssaan. Lapset ihastuivat Äitiin. Kuten kaikki lapset, hekin olivat välittömästi otettuja Äidistä tuntien vaistomaisesti, että hän oli heidän omansa. Kun Äiti oli lähdössä, eräs rullatuolissa istuva pikkutyttö tarttui Äidin sariin eikä päästänyt häntä menemään. Äiti piteli tyttöstä lähellä itseään, silitti hänen hiuksiaan ja sanoi: "Lapseni, Amma ei mene pois. Amma on kanssasi joka ainoa hetki." Pikkutyttö vaikutti rauhoittuneen tästä ja onnellisesti hymyillen hän päästi irti Äidin sarista.

Kivun jälkeen tulee rauha

Matkalla ohjelmapaikalle Äiti pyysi Br. Raoa (Swami Amritatmananda) tulemaan samaan autoon kanssaan. Br. Rao oli surullinen, koska hän ei ollut voinut tiiviin aikataulun takia viettää paljonkaan aikaa Äidin kanssa. Matkalla Äiti puhui hänelle kivusta ja ilosta.

Äiti: "Sisäinen rauha kulkee aina kivun vana-vedessä. Saavuttaaksesi ilon sinun on ensin koettava kipua. Kipu alussa ja kestävä onni lopussa on paljon suurempaa kuin onnellinen alku ja kauan kestävä kipu lopussa. Kipu on väistämätön osa elämää. Et voi kokea kestävää rauhaa ja onnea, jollet ole jollakin tavoin kokenut kärsimystä. Tämän voi soveltaa myös maallisessa elämässä. Olet-takaamme, että haluat tulla kuuluisaksi laulajaksi. Jos se on sinun tavoitteesi, voitko olettaa saavuttavasi sen har-joittamatta ensin ääntäsi? Sinun pitäisi kyetä hallitsemaan kaikkein monimutkaisimpien äänilajien hienonhienoja sävyjä, värähtelyjä ja muunnoksia äänelläsi siirtymällä pehmeästi kaikkein matalimmista kaikkein korkeimpiin säveliin. Olisiko tämä mahdollista, ellet ensin kouluttaisi ääntäsi asianmukaisesti ammattitaitoisen laulunopettajan kurinalaisessa valvonnassa?

Tämä valmentautuminen on kipu, mikä sinun on alussa kestettävä ennen kuin sinusta voi tulla suuri mestari. Alkukipu on *tapasia* (itse-kuriharjoitus), mikä sinun on kestettävä ja hinta, joka sinun on maksettava myöhemmin nauttimastasi onnesta. Kivun voimakkuus vaihtelee haluamasi onnen määrän mukaan. Koska henkinen autuus on kaikkein suurin ilo, on siihen tarvittavan *tapasilta* vaadittavan voimakkuuden eli siitä maksettavan hinnan oltava myös kaikkein korkein. Sinun on pyhitettävä koko elämäsi tämän päämäärän tavoittamiseksi.

Joillakin alueilla Intiassa, erityisesti Tamil Nadussa, ihmiset syövät erittäin kitkeria neempuun (margosan) kukkia uudenvuoden aattona. Vuoden lopussa on toinen juhla nimeltä Pongal. Sitä juhlitaan päivänä, jona aurinko koskettaa kauriin kääntöpiiriä. Silloin ihmiset perinteisesti pureksivat sokeriruokoa. Hindulaisiin juhliin sisältyy paljon symboliikkaa. Näissä kahdessa tapauksessa katkeran neemkukan pureskelu symboloi elämän katkerien kokemusten hyväksymistä aina elämän ensimmäisestä päivästä alkaen. Elämään sisältyy paljon vastoinkäymisiä ja epäonnea. Meidän tulisi oppia hyväksymään, jopa toivottamaan ne koko sydämestämme tervetulleiksi, olemaan kärsivällisiä, innostuneita ja myönteisiä. Emme saisi koskaan sallia olevamme mieleltä heikkoja tai tuntea pettymystä. Vain silloin voimme edetä elämän todellista päämäärää, kuolemattomuuden suloista autuutta ja iloa kohden. Sitä symboloi sokeriruon syöminen vuoden lopussa.

Kipu on odottamassa sinua elämän kaikilla alueilla ja toiminnan kaikilla kentillä jossakin muodossa. Jos et kykene hyväksymään kipua ja pääsemään sen yli, et voi kokea sitä iloa ja rauhaa, mikä on lopputuloksena läpikäydystä kivusta. Oppimalla hyväksymään elämän kivun pääset aivan varmasti sisälle elämän iloon.

Vain rakkaus saa sinut avautumaan Jumala-tietoisuudelle. Elämä kokonaisuudessaan on hyväksymisen oppikappale.

Jumalallisen sielun kosketuksella, läheisyydellä ja rakkaudella, on valtava vaikutus ihmisiin. Se tekee heistä niin vastaanottavaisia, että he avautuvat.

Ramayanassa on tapahtuma, joka kuvaa, kuinka suuren sielun läheisyys ja pelkkä kosketus voivat aikaansaada vastaanottavaisuutta.

Tämä tapahtuma valottaa myös sitä, kuinka sisäinen rauha tulee tuskallisen kokemuksen jälkeen. Sri Raman kruunajaiset oli määrätty tietyksi päiväksi. Mutta valitettavasti niitä ei pidettykään Kaikeyn, Raman äitipuolen väliintulon takia. Hän vaati tuolloin, että kuningas Dasharathan, joka oli Raman isän, oli täytettävä kaksi lupausta, jotka hän oli antanut. Kaikeyi vaati, että hänen oma poikansa, Bharatha kruunattaisiin kuninkaaksi Raman sijasta ja että Rama karkotettaisiin neljäksitoista vuodeksi metsään. Kuningas Dasharatha, joka oli syvästi kiintynyt Ramaan, järkyttyi vaimonsa vaatimuksesta, niin että pyörtyi. Hän anoi vaimoaan muuttamaan mieltään, mutta tämä oli järkähtämätön ja sanoi Dasharathalle, että tämän velvollisuus kuninkaana ja Raman isänä, *dharman* (oikeudenmukaisuuden) ruumiillistumana, oli pitää lupauksena ja panna lupaus maastakarkoituksesta täytäntöön. Dasharatha oli toivottomassa tilanteessa. Mutta Rama, joka oli Jumala itse, hyväksyi kaiken tyynesti. Hän oli valmis lähtemään Ayodhyasta ja menemään metsään sallien näin veljensä Bharathan nousta valtaistuimelle. Rama, joka oli kaiken kiintymyksen tuolla puolen, ei osoittanut pienintäkään vihan tai pettymyksen merkkiä. Hän oli sama tyyni tasapainoinen Rama kuten aina.

Lakshmana, Raman veli ja uskollinen palvelija, joka rakasti Ramaa kuitenkin enemmän kuin mitään muuta maailmassa, raivostui Raman maastakarkoitusta koskevista uutisista. Hänen vihansa ei tuntenut rajoja hänen päästyään selville, että Kaikeyi oli kaiken takana. Lakshmana nimitti isäänsä tohvelisankariksi ja syytti hän-tä epäoikeudenmukaisuudesta. Hän vaati Ramaa suostumaan Kaikeyin ja isän vangitsemiseen. Hän halusi kaapata kuningaskunnan Ramalle ja kruunata hänet lailliseksi kuninkaaksi. Lakshmana kiehui raivosta. Kukaan ei kyennyt lohduttamaan häntä. Rama oli vaiti ja katseli, kun hänen veljensä karjui ja huusi raivosta ja uhmasi isäänsä, kunnes väsyi. Silloin Rama, joka ei ollut siihen mennessä sanonut sanaakaan, meni Lakshmanan luo. Hän kosketti hellästi veljeään ja sanoi: 'Lapseni.' Siinä kaikki mitä tarvittiin. Tuolla yksinkertaisella sanalla ja hellyydellä oli välitön vaikutus Lakshmanaan. Se herätti lapsen hänessä. Hän tyyntyi täysin ja rauhoittui ja hänen vihansa katosi kokonaan. Näin suuri on Itsen oivaltaneen mestarin sanan ja kosketuksen voima. Se teki Lakshmanasta Raman edessä lapsen kaltaisen, luottavaisen ja avoimen. Sitten Rama alkoi lohduttaa häntä. Hän antoi Lakshmanalle syvällisiä, henkisiä ohjeita, jotka menivät suoraan hänen sydämeensä. Ennen tuota hetkeä Rama ei lähestynyt Lakshmanaa, ei myöskään sanonut hänelle sanaakaan. Hän odotti tyynesti kunnes Lakshmana pääsi kaiken kivun ja vihan yli. Ja sitten hän loi täydellisen tilanteen opettaakseen häntä. Jos Rama olisi alkanut opettaa veljeään aikaisemmin, Lakshmanan vielä kiehuessa vihaa, hänen henkiset opetuksensa eivät olisivat menneet Lakshmanan sydämeen. Joten koko tilanne alusta loppuun oli Sri Raman luoma. Jos Rama olisi vastustanut isänsä päätöstä, tätä tilannetta ei olisi syntynyt.

Kaikelle sille mitä *Ramayanassa* tapahtui on tietenkin monenlaisia syitä eri tasoilla.

Rama oli kosminen voima ihmisen hahmossa. Halutessaan hän olisi voittanut vastustajansa silmän-räpäyksessä ja vallannut takaisin kuningaskuntansa. Tilanteen hyväksyminen räjäytti Lakshmanan raivon. Tuo räjähdys auttoi Lakshmanaa tyhjentämään kaiken hänessä lukkiutuneena uinuneen kielteisen energian. Ja ennen kaikkea Raman sanojen ja jumalallisen kosketuksen takana ollut armo paransi Lakshmanan ja muutti hänet sopivaksi ottamaan vastaan Raman henkiset ohjeet. Mutta ennen kuin Lakshmana avautui, hänen oli käytävä läpi raivon ja epätoivon tuskallinen kokemus. Näin rauha ja antautuminen kulkevat aina kivun ja vaivan vana-vedessä. Raman, täydellisen mestarin jumalallinen sankalpa loi tilanteen hänen rakkaan veljensä ja oppilaansa hyväksi.

On kuitenkin mainittava, että tämä tilanne oli erityisesti sovitettu Lakshmanalle valvotuissa olosuhteissa ja hänen mestarinsa länsäollessa. Muuten saattaisit ajatella, että sinun ei tarvitse hillitä vihaasi tai tiedostaa sen suurelta osalta kielteistä vaikutusta. Räjähtää vihanpuuskassa aina kun suutut ei ole hyväksi, vaan se on ilmeisen tuhoisaa. Rama oli luonut tämän nimenomaisen tilanteen tiettyä tarkoitusta varten ja sillä oli erityinen tehtävänsä. Tämä nimenomainen tilanne tapahtui Raman läsnäollessa ja tiettyä tarkoitusta varten. Negatiivisilta näyttäviin kokemuksiimme on aina kätkeytyneenä jumalallinen sanoma. Meidän on vain mentävä syvälle tilanteeseen, jotta tuo sanoma paljastuisi meille. Yleensä kuitenkin jäämme kokemustemme ulkoiselle pinnalle."

Auto pysähtyi hallin oven kohdalle ja Äiti astui autosta Häntä odottavan ihmisjoukon keskelle. Kun ihmiset näkivät Äidin, heidän kasvonsa syttyivät spontaanisti hymyyn. He olivat kuin lootuskukkia, jotka puhkeavat kukkaan auringon ilmestyessä taivaalle.

Eräs tyttövauva, joka istui äitinsä lonkalla tuijotti Äitiä. Äiti käveli vauvan luo, suukottelii tätä poskelle ja sanoi: "Vauva, vauva!" Lapsi hymyili ja yritti tavoitella Äitiä haluten päästä tämän luo. Äiti nostikin tyttösen käsivarsilleen ja käveli hallin ovea kohden, missä hän pysähtyi perinteistä *pada pujaa*, kaulaan laitettavaa kukkaseppelettä ja *aratia* varten. Pienokainen yhä käsivarsillaan Äiti jatkoi matkaa saliin.

Charleston

Jivanmukti

Charlestonissa, Virginiassa Äiti antoi darshania vapaassa kirkossa. Paikasta huolehtiva munkki oli kutsunut äidin sinne. Munkki kohteli Äitiä hyvin kunnioittavasti. Ennen bhajaneja hän kertoi yleisölle: "Ehkä tämä on Äidin ensimmäinen vierailu Amerikkaan, ensimmäinen kerta kun hän tulee tänne fyysisessä kehossa. Hän on...." Pidettyään pienen tauon hän jatkoi: "Mutta tiedän Äidin olleen täällä aikaisemmin. Hän on ollut minun kanssani, sillä hän tuli näkynä ennen kuin olin kuullutkaan hänestä ja tuossa näyssä

hän kertoi tulevansa Amerikkaan. Sitten myöhemmin kuulin Äidistä ja että hän oli tulossa vierailemaan tähän maahan."
Bhajanit alkoivat ja Äiti johdatti kaikkia *Jay jay jay Durga Maharani* -lauluun:

Jay jay jay Durga Maharani

Voitto, voitto, voitto Durgalle,
suurenmoiselle kuningattarelle!
Oi Durga, suurenmoinen kuningatar,
salli minun nähdä olemuksesi!

Oi maailmankaikkeuden lumoojatar,
Oi Äiti, joka asustat kaikissa kolmessa maailmassa,
Sinä olet se, joka synnytit koko luomakunnan.
Sinä olet kaikkien armonlahjojen antaja.
Oi Durga, suurenmoinen kuningatar,
salli minun nähdä muotosi!

Oi Äiti Durga,
Sinä olet hän, joka tuhoaa kaiken tietämättömyyden.
Sinä olet hän, joka poistaa kaiken pelon ja surun.
Oi Äiti, joka ratsastat leijonalla,
olet kaiken hyvän ja suotuisan ruumiillistuma.
Oi Durga, suurenmoinen kuningatar,
salli minun nähdä muotosi!

Oi Äiti,
olet uskon, myötätunnon
ja rakkauden ruumiillistuma,
Sinä yksin olet suuri illuusio,
korkein voima.
Oi Äiti Bhavani,
Sinä asustat kaikkien sydämessä.
Oi Durga, suurenmoinen kuningatar,
salli minun nähdä kuvasi!

Voitto, voitto, voitto
Durgalle, suurenmoiselle kuningattarelle!

Kun darshan alkoi, eräs Äidin kanssa matkustanut nainen tuli darshaniin ja istui sitten hänen lähelleen. Hän oli kuullut Äidin puhuvan *jivanmuktista* ja halusi tietää aiheesta enemmän.

Nainen sanoi: "Amma, eräänä päivänä puhuit perimmäisen vapautuksen tilasta, vapautumisesta mielen ja kehon vankeudesta, ja että se voitaisiin kokea jo eläessämme tässä maailmassa. Sanoit silloin, että tuossa vapautuksen tilassa keho ja mieli lakkaavat olemasta. Tarkoittaako se, että maailma katoaa silmiemme edestä? Kuinka voimme kokea maailman ilman kehoa ja mieltä?"

Äiti: "*Jivanmuktin* tila ei tarkoita maailman katoamista. Maailma jatkaa olemassaoloaan, mutta tätä maailmaa koskevat väärät käsityksesi katoavat. Väärä ymmärryksesi aiheuttaa erilaisuuden ja moninaisuuden. Sen hajottua näet vain ykseyden kaikessa ja kaikkialla. Mutta Jumalan luomistyö on yhä jäljellä, koska voit tuhota vain sen minkä olet itse luonut. Voit tuhota egosi, sillä sen olet luonut itse. Tämä maailmankaikkeus ei ole sinun luomasi, joten sille et mahda mitään.

Ajatuksesi ovat sinun luomiasi. Teet niistä todellisia olemalla yhteistyössä niiden kanssa. Kun vedät tukesi pois, ne katoavat. Tarkkaile ajatuksiasi rakastamatta tai vihaamatta niitä, älä tuomitse niitä hyvinä tai pahoina. Seuraa ajatuksiasi vain sivusta, ja ne katoavat. Ulkoinen maailma ei katoa pelkästään siksi, että huomioit sitä. Mutta jos pystyt olemaan mihinkään takertumaton tarkkailija, ajatusten sisäinen maailma katoaa. Kuvittele vain, että ajatusten maailma on virtaava joki, jonka rannalla seisot katsellen sitä, hyppäämättä siihen.

Pilvet taivaalla ovat eri muotoisia. Pilvi voi näyttää hirviöltä, ajovaunuilta, laukkaavalta hevoselta tai jumalan kauniilta kasvoilta - ja kun pilvi purjehtii ohi, sen muoto muuttuu. Pienet lapset nauttivat siitä. Katsellessaan ohikiitäviä pilviä, he saattavat uskoa noiden muotojen olevan todellisia. Mutta aikuinen tietää hahmojen

111

olevan kuvittelua, että ne ovat vain alati muotoaan muuttavia pilviä. Aikuiset eivät ajattele niistä mitään, he vain katselevat taivaalle selittelemättä pilvien muotoja. He eivät sano: 'Voi, kuinka kaunis hevonen!' koska tietävät, että se on vain pilvi. Samalla tavalla ajatukset ovat kaiken aikaa muotoaan muuttavia pilviä, joita liikkuu mielen sisäisessä tilassa. Ne saattavat saada aikaan erilaisia muotoja, mutta ne ovat aina epätodellisia. Koska sinä et ole luonut pilviä ulkoiselle taivaalle, ne eivät katoa vaikka tarkkailet niitä. Sen sijaan ajatusten pilvet sisäisellä taivaalla katoavat vain katselemalla niiden ohikulkua.

Santelipuusta tehty leijona on todellinen lapselle, mutta aikuiselle se on santelipuun palanen. Lapselle ainoastaan leijona on näkyvissä ja puu piilossa. Myös aikuinen saattaa nauttia leijonasta, mutta hän tietää ettei se ole todellinen. Hänelle puu on todellinen eikä leijona. Samalla tavoin *jivanmuktalle* koko maailman-kaikkeus ei ole muuta kuin sen sisintä olemusta, 'puuta', josta kaikki on tehty, absoluuttista jumalaa, tai tietoisuutta.

Maailma ei katoa *jivanmuktan* silmien edestä. Kaikki jatkuu kuten ennenkin, mikään ei muutu. Aurinko ei lakkaa laskemasta länteen jonkun saavuttaessa Itse-oivalluksen. Kuitenkin muutos tapahtuu sisäisenä. Sinä havainnoit maailmaa toiselta tietoisuuden tasolta käsin. *Jivanmuktalle* kaikki on Jumalan, puhtaan jakamattoman tietoisuuden läpäisemää. Aivan kuten aikuiselle puinen leijona on edelleenkin palanen puuta, *jivan-muktalle* kaikki on *Paramatman*, korkein Itse. Vaikka nimien ja muotojen maailma on yhä olemassa, hän havannoi kaikessa sen sisäisen perusolemuksen. *Jivanmukti*-tila ei tarkoita sitä, että menetät kehosi. Sinä voit pysyä kehossasi ja jatkaa toimintaasi maailmassa, mutta samaistuminen kehoosi on päättynyt. Sinusta tulee havainnoitsija, silminnäkijä. Lakkaat kokemasta maailmaa ulkopuolelta. Seuraat kaikkea sisäpuolelta, olemassaolon todellisesta keskuksesta käsin.

Kuivuneen kookospähkinän ydin pysyttelee luonnostaan erillään kovasta kuoresta. Ydin pysyy kuoren sisäpuolella kiinnittymättä ulkokuoreen. *Jivanmuktan* tilanne on samanlainen. Tuossa tilassa sielu ja keho nähdään toisistaan erillisinä. Harhakuvitelma siitä, että keho on sielu tai sielu on keho, on poistettu. Kaikenlainen takertuminen kehoon päättyy. Kun *vasanat* (piilevät ominaisuudet) ovat 'kuivuneet', sinussa sarastaa oivallus, että keho ei ole Itse, että Itse on täydellisen vapaa ja riippumaton. *Jivanmuktalle* Itse on kaikki ja kaikkialla - *Paramatman*, josta on muotoutunut koko luomakunta. Kaikkeuden luojasta, *Brahmasta* on ihastuttava tarina. Kerrotaan, että luodessaan jokaisen elävän olennon Jumala rakastui niihin siinä määrin, että meni luotuihin ja tuli yhdeksi niiden kanssa. Hän loi puun, rakastui puuhun ja hän tuli puuksi. Hän loi sian, rakastui sikaan ja tuli siaksi. Hän loi ihmisolennon, rakastui ihmiseen ja tuli ihmiseksi. Näin hän sulautui kaikkeen.

Jumala on rakastunut luomakuntaansa. Hän läpäisee kaiken ainoana elämää antavana voimana. *Jivanmukti* on tila, jossa näet Jumalan suuruuden, hänen kaikessa olevan äärettömän voimansa - ei vain hyvyydessä ja kauneudessa, vaan myös pahuudessa ja rumuudessa. Näet maailman sisäisen ydinolemuksen, et ulkokuorta. Ulkokuori pysyy samana, mutta sisäinen silmäsi on avautunut sallien sinun nähdä ulkokuoren läpi ja havaita selkeästi 'Sen', joka on kaiken sisällä.

Srimad Bhagavatamissa Prahlada -poika, joka palvoi Vishnua, kertoi isälleen, demonikuningas Hiranya-kashipulle, että Herra on kaikessa olipa kyseessä ruohonkorsi, eloton pylväs, kuiva lehti, vaatimaton maja tai palatsi. Hiranyakashipu, joka oli raivoissaan poikansa uskosta Jumalaan, osoitti palatsin sisällä olevaa isoa pylvästä ja karjui pojalleen: 'Onko sinun Harisi (Jumalasi) myös tuossa pylväässä?' Hetkeäkään epäröimättä poika vastasi: 'Kyllä, hän on myös siinä.' Demoni-kuningas vimmastui vastauksesta, niin että sivalsi pilaria miekallaan. Sivalluksen voimasta pilari katkesi kahteen osaan ja kosmisen voiman purkauksena siitä tuli ulos Narasimha (jumalallinen ihmisleijona). Ilman Korkeinta Voimaa mitään ei olisi olemassa. Ilman kosmisen energian kaiken koossapitävää ominaisuutta maailma katoaisi hetkessä. Korkein energia on perimmäinen rakentava voima.

Kertomus kuvaa korkeimman energian kaikki läpäi-sevästä ja kaikkialla läsnäolevasta luonteesta. *Jivan-mukti* on ihmiselämän korkein taso, jossa koetaan vielä kehossa ollessa ikuista autuutta. Tuolla tasolla keho on vain sielun asuttama häkki. Olet koko ajan tietoinen, että Itse on kehosta erillinen.

Oletteko kuulleet kertomuksen kuningas Janakasta, jonka tytär Sita Devi oli Raman pyhä puoliso. Kuningas Janaka oli jivanmukta. Hän oli ykseydessä Itsen kanssa, mutta ei kuitenkaan koskaan kääntänyt selkäänsä velvollisuuksilleen kuninkaana. Hän hallitsi maataan ja täytti velvollisuutensa täydellisen tasapainoisena. Hän pysyi koskemattomana ja takertumattomana elämänsä tapah-tumien suhteen, olivatpa ne hyviä tai huonoja.

Jivanmuktan tilassa maailma on edelleenkin olemassa, mutta koko perspektiivi muuttuu. Saavutettuaan ykseyden Korkeimman Olennon kanssa *jivanmukta* suorittaa hänelle uskotut velvollisuudet niin kauan kuin hän elää tässä maailmassa. Hän ei istu joutilaana sanomassa: 'Kaikki on harhaa, joten minulla ei ole mitään syytä tehdä työtä!' "

Boston

Avataara

Tänä aamuna eräs nuori mies ilmaisi toiveensa saada esittää Äidille kysymyksen. Äiti hymyili hänelle sanoen: "Tietysti voit kysyä, mutta älä kysy mitään Jumalasta, karmasta (toiminnan teoria) tai *mokshasta.*"

Mies häkeltyi, sillä kuinka on mahdollista esittää henkinen kysymys koskettelematta lainkaan näitä aiheita? Nähdessään hänen häkeltyneen ilmeensä Äiti ja paikalla olevat ihmiset nauroivat. Äiti halasi häntä ja sanoi: "Poikani, älä sure. Voit kysyä".

Vaikka Äiti oli laskenut leikkiä sanoessaan, ettei mies saisi kysyä mitään noista kolmesta aiheesta, se oli kuitenkin syvästi merkittävä lausunto, koska kaikki Jumalaa, karmaa tai mokshaa koskeva jää vaille vastausta. Niistä ei ole mitään sanottavaa, koska ilman omaa suoraa kokemusta niitä on mahdotonta ymmärtää. Kaikki selitykset ja tulkinnat herättävät vain enemmän kysy-myksiä. Äiti sanookin: "Sanat vievät teidät harhaan. Menkää sanojen tuolle puolen, silloin tiedätte."

Kuitenkin suuren mestarin, kuten Äidin, puhuessa meille sanat orastavat välittömästä kokemuksesta korkeimpaan totuuteen, joten jumaltietoisuudessa olevan sielun sanat ovat ainoa luotettava lähde tästä aiheesta.

Luvan saatuaan, mies kysyi: "Amma, oletko *avataara*? Oletko Jumallinen Äiti? Oletko *Adi Parashakti* (Korkein voima)?

Äiti: "Voit kutsua tätä kehoa millä nimellä haluat. Jotkut kutsuvat sitä Ammaksi (Äiti), jotkut Deviksi tai Krishnaksi, toiset pitävät sitä Buddhana tai Kristuksena. Monet kutsuvat tätä kehoa nimellä Amritanandamayi tai vielä jollakin muulla nimellä. On myös niitä, jotka arvostelevat tätä kehoa. Ammalle ei merkitse mitään, millä nimellä te tätä kehoa kutsutte. Totuus, sisäinen Itse, pysyy ikuisesti samana - muuttumattomana ja koskemattomana. Kukaan ei voi ratkaista tämän puhtaan olemuksen arvoitusta.

Sana '*avataara*' tarkoittaa 'laskeutua alas.' Omak-sumalla ihmisen muodon ääretön tietoisuus laskeutuu alas maailmaan kohottamaan ja pelastamaan ihmiskuntaa. Kuitenkin näin on vain seuraajan näkökulmasta katsottuna, sillä äärettömälle tietoisuudelle ei ole tilaa minne tulla tai minne mennä. Minne voisi se, joka on ääretön ja kaikkialla oleva laskeutua tai lähteä? Ei ole olemassa ylimääräistä tuumaakaan tilaa missä liikkua. Laskeutuminen ja meneminen on olemassa vain niille, jotka eivät koe ykseyttä korkeimpaan todellisuuteen. Kun sinä olet yhtä *sat-chit-anandan* valtameren kanssa, silloin ei ole olemassa sellaista kysymystä kuin lähteminen ja takaisin tuleminen.

Voitaisiin sanoa, että oivalluksen saviastia särkyy valtameressä ja astiassa oleva vesi sulautuu sitä ympä-röivään valtamereen. Sen jälkeen ei ole jäljellä mitään muuta kuin valtameren vettä. Tässä vertauksessa valtameri kuvaa ääretöntä tietoisuutta eli *Paramatma-nia* ja saviastia on yksilöllinen itse. Lopullisessa oivalluksen tilassa yksilöllisyytesi eli kehotietoisuutesi katoaa. Sulaudut äärettömään ja ylität kaikki rajoitukset. Kuitenkin kun kyse on avataarasta, rikkoutuvaa saviastiaa ei koskaan ollutkaan, sillä hän on aina ollut yhtä Korkeimman kanssa.

Avataarat elävät ihmisten keskellä käyden läpi vaikeuksia, mutta he asettavat koko ajan esimerkkejä jumallisesta rakkaudesta, myötätunnosta ja itsensä uhraamisesta. Sellaisista olennoista tulee valtavia innoituksen lähteitä miljoonille ihmisille kautta maailman. He ovat kuin suuria laivoja, jotka pystyvät kuljettamaan satojatuhansia ihmisiä sielunvaelluksen valtameren ylitse. *Avataarat* syntyvät täysin tietoisina korkeimmasta totuudesta. He saattavat tehdä ankaria itsekuriharjoituksia, mutta he tekevät niin vain ollakseen esimerkkinä maailmalle. Samalla tavalla toimii rakastava äiti, jonka lapsi on sairastunut keltatautiin ja jonka on noudatettava tietynlaista ruokavaliota. Tehdäkseen noudattamisen helpommaksi lapselle myös äiti noudattaa samanlaista ruokavaliota. Sillä jos hän syö jotain muuta lapsen nähden, lapsi tuntee houkutusta tehdä samoin.

Jos haluat puhua kuuromykän kanssa, et voi puhua hänelle omalla kielelläsi. Välittääksesi viestisi hänelle on sinun käytettävä elekieltä. Sinun on mentävä hänen tasolle. Kuitenkin, vaikka myös sinä käytät viittomakieltä, se ei tarkoita sitä, että itse olisit kuuro. Samalla tavoin *avataarat* harjoittavat ankaraa itsekuria ja voit nähdä heidän meditoivan, mutta se ei tarkoita sitä, että heidän todella tarvitsisi tehdä niin. Mitä tahansa henkisiä harjoituksia he tekevätkin, he tekevät niin esimerkkinä muille, innos-taakseen ja kohottaakseen heitä.

Luonnossa kaikki kiertää loputonta kehää: syntymä, kuolema ja jälleen syntymä. Vuodenajat kiertävät ympyrää: kevät, kesä, syksy, talvi ja jälleen kevät. Maa kiertää radallaan auringon ympäri. Siemen itää ja siitä tulee puu. Puu kukkii ja syntyy uusia siemeniä. Aikakaudet (*yugat*), kiertävät myös kehässä: *Satya yuga, treta yuga, dwapara yuga, kali yuga* ja jälleen *satya yuga*. Ennen tätä luomakuntaa oli toinen luomakunta. Tämä maailmankaikkeus katoaa lopulta ja seuraava maailmankaikkeus manifestoituu.

Kun Rama laskeutui maailmaan, hän sanoi Hanumanille: 'Rama-avataaroja on ollut lukematon määrä, ei vain tämä yksi.' Ja Krishna sanoi Arjunalle: 'Sinä ja minä olemme syntyneet yhdessä lukemattomia kertoja. Minä tiedän siitä kaiken, mutta sinä et'."

Amritatma huudahti: "Voi, Amma, muistan sinun kerran sanoneen, että ne jotka ovat sinun kanssasi nyt, ovat olleet kanssasi myös aikaisemmin."

Äiti: "Se on totta, kaikki Amman lapset, jotka ovat nyt Amman kanssa ovat olleet hänen kanssaan aikaisemmin."

Selkeä merkki

Kysymys onko Äiti *Adi Parashakti* (Korkein Voima), tuo mieleen erään tapahtuman.

Madhavan niminen nuori mies, joka opiskeli Tantraa ja palvoi Jumalallista Äitiä Sri Lalita Parameshvarin muodossa, tuli ashramiin ensimmäistä kertaa tapaamaan Äitiä. Hän seisoi Äidin asunnon portaiden alapäässä odottamassa, että Äiti tulisi ulos huoneestaan. Odotellessa hänen mieleensä pälkähti ajatus: "Jos Äiti on todella Sri Lalitambika (Jumallisen Äidin ilmentymä, Sri Lalita), hän joka on Karpura vitikamoda samakarsi digantara,[14] (Hän, joka pitää kamferilla täytetyistä betel-lehtikääröistä, joiden tuoksu ihastuttaa koko luomakuntaa)[15], hänen tulisi antaa siitä merkki, jotta tiedän sen."

Muutaman minuutin kuluttua Äiti tuli portaita alas. Nuori mies huomasi Äidin pureksivan jotain suussaan (Äiti ei yleensä kulje ympäriinsä jotain pureskellen). Laskeu-duttuaan Äiti aukaisi suunsa ja osoittaen sitä hän sanoi Madhavanille: "Katso, poikani. Tämä on *karpura vitika*, jonka eräs seuraaja antoi Ammalle."

---

[14] Yksi jumalallisen Äidin nimistä Sri Lalitasahasranamassa.

[15] Karpura vitika on kardemumman, kookospähkinän, mustapippurin, inkiväärin ja sitruunan sekoitus.

Madhavan oli sanaton. Hän ei olisi voinut pyytää selvempää merkkiä. Betel-lehtikäärön oli tuonut eräs Äidin seuraajista, joka oli kotoisin lähellä sijaitsevasta Kottayam-nimisestä kaupungista. Hän resitoi päivittäin *Sri Lalita Sahasranamaa* ja uskoi ehdottomasti siihen, että Äiti oli juuri *Adi Parashakti*. Hän antoi Äidille tämän *karpura vitikan* uhrilahjana muutamaa päivää ai-kaisemmin. Mutta Äiti ei ollut koskenut siihen, koska hänellä ei ole tapana pureskella sellaisia aineita. Kuitenkin juuri tuona tiettynä päivänä ennen huoneesta lähtöään Äiti otti hyppysellisen tätä pöydällään ollutta ainetta ja pisti sen suuhunsa. Madhavalle tuli selväksi, että Äiti tiesi hänen jokaisen ajatuksensa ja että hän ei ollut kukaan muu kuin *Devi* itse.

Darshanin jatkuessa kysyttiin vielä: "Amma, mainitsit että Rama- ja Krishna-avataaroja on ollut lukemattomia. Mutta me olemme kuulleet vain yhdestä Ramasta ja yhdestä Krishnasta. Mitä Äiti tarkoittaa?"

Äiti: Jopa nykypäivänä Rama, Krishna ja Buddha voisivat tulla takaisin ja niin tapahtuukin - mutta ihmisillä ei ole silmiä nähdä. Älä etsi entisenkaltaisessa muodossa olevaa Ramaa tai Krishnaa. Tulet pettymään jos etsit sellaista Ramaa, jolla on jousi ja nuoli tai Krishnaa, jolla on huilu ja riikinkukon sulka. Jumala ei ole kitsas. Hän on tuhlailevan antelias. Hänen anteliaisuutensa ihmiskunnalle ilmenee monissa muodoissa. Rama, Krishna ja Buddha näyttäytyvät erilaisissa hahmoissa. Et löydä heitä tästä maailmasta, jos oletat heillä olevan aivan samanlaiset kehot kuin aikaisemmin, tai että he pukeutuisivat samoin kuin ennen, tai jos oletat heidän maanpäällisen toi-mintansa olevan samanlaista kuin ennen. Ei, he eivät ole sillä tavalla samoja. Kuitenkin heidän löytämisensä on mahdollista, jos todella kaipaat nähdä heidät. Etsi heitä sieltä missä on jumalallista rakkautta, sieltä missä jokaista rakastetaan yhtäläisesti ehtoja asettamatta, sieltä missä on rajatonta myötätuntoa ja sieltä missä on syvää nöyryyttä ja itse-uhrautuvaisuutta. Missä tahansa kohtaat nuo ominaisuudet, siellä ovat Rama ja Krishna.

Jumala on ääretön. Hän ilmestyi kerran Ramana ja Krishnana. Tuo kaiken läpäisevä, rajaton tietoisuus ja sen ehtymätön energia omaksuu nyt toisenlaisen ilme-nemismuodon." Sitten Äiti sanoi leikillisesti: "Ihmiset kyllästyvät kaikkeen, eivätkö kyllästykin? He saattavat kyllästyä jopa Jumalaan, jos hän tulisi jälleen Ramana tai Krishnana. Koska Jumala tietää kuinka helposti ihmiset kyllästyvät, hän haluaa ilahduttaa kaikkia rajattomalla viisaudellaan, joten hän ilmestyy eri muodoissa! Lapset, astian muoto muuttuu, mutta sisältö ei muutu, se säilyy samana. Näin on *avataaran* laita. Lisäksi jokainen jumalallinen *inkarnaatio* ilmenee oman aikansa yhteiskunnan tarpeiden mukaan. Tämän päivän maail-man ongelmat, niiden ratkaisut ja ratkaisujen toteuttaminen ovat tänä päivänä erilaisia kuin Raman ja Krishnan aikoina."

Br. Amritatma, joka käänsi englanniksi Äidin sanoja, muisti nyt, kuinka Äiti oli ohimennen muutamaa kuukautta aikaisemmin ashramissa Intiassa viitannut itseensä erään keskustelun yhteydessä sanomalla: "Pyhimykset ja viisaat tekivät vuosia ankaraa *tapasia* oivaltaakseen Jumalan. Nyt Jumala on aivan keskuudessanne - mutta kuinka moni välittää siitä!"

New York

"Minä olen teidän äitinne"

Äiti oli juuri aloittanut darshanin ensimmäisen aamuohjelman aikana New Yorkissa, kun hän osoitti huoneen toisella puolella isänsä sylissä istuvaa pientä vaaleaa poikaa Amritatmalle: "Tuolla lapsella ei ole äitiä. Amma tuntee paljon rakkautta ja myötätuntoa häntä kohtaan." Poika ei ollut vielä käynyt Äidin luona, eikä kukaan ollut kertonut Äidille hänestä mitään.

Hetken kuluttua Äiti leikkisästi heitti suklaa-suudelman (eräs makeinen) sinne missä pikkupoika istui. Hän hymyili ja söi suklaan.

Pian Äiti heitti toisen makeisen, nyt huoneen puoleen väliin. Poika käveli lähemmäksi poimimaan toisen makupalansa. Äiti toisti tämän joitakin kertoja, ja kun poika oli tarpeeksi lähellä, hän kurkottau-tui ja sieppasi pojan syliinsä. Molemmat nauroivat. Pikkupoika tunsi heti voimakasta kiintymystä Äitiin.

Pojan isä, Larry Richmond eli Arun, tuli Äidin luo ja kertoi, että kuusivuotias Jason oli menettänyt äitinsä kahdeksan kuukauden ikäisenä. Hän heräsi usein yöllä ja kysyi itkien, miksi hänellä ei ollut äitiä. Äiti piti Jasonia sylissään ja sanoi hänelle: "Jason, minä olen sinun Äitisi!" Jason tuijotti ihmeissään Äitiä. Hän luuli, että Äiti tarkoitti olevansa hänen biologinen äiti. Hänen kasvonsa loistivat ilosta. Ensimmäisen kerran elämässään hän sai kokea täydellistä äidin rakkautta.

Larry kertoi myös, että Jason sairasti epilepsiaa, johon lääkehoito ei tehonnut lainkaan ja että hänellä oli usein toistuvia tautikohtauksia. Äiti sanoi Larrylle, että tämän tulisi jatkaa lääkehoitoa ja antoi hänelle palan santelipuuta ja neuvoi sen käytössä. Äidin ohjeita noudatettiin kirjaimellisesti, ja siitä lähtien Jasonilla ei ollut ainoatakaan epileptistä kohtausta.

Satgurun nöyryys

Iltaohjelman aikana Pyhän Johanneksen kated-raalissa New Yorkissa Äidiltä kysyttiin:

"Amma, kuulin sinun puhuvan Kaliforniassa todellisen mesta-rin nöyryydestä. Sanoit, että satgurulla ei ole minkäänlaista egotie-toisuutta ja että hän kumartaa koko luomakunnan edessä. Kysyisin, onko nöyryys olennainen piirre Itsen oivaltaneessa mestarissa?"

Äiti: "Itsen oivaltanut mestari on kaiken kiin-tymyksen tuolla puolen. Mutta nöyryys on yksi hänen perusominaisuuksiaan, joita hän ilmaisee. Mestari on nöyrä, koska hän näkee kaiken Jumalana ja hän palvoo koko luomakuntaa korkeimman voiman ilmenty-mänä. Joten satgurun voidaan sanoa olevan aina rukouksen ja palvonnantäyteisessä tilassa. Hän kumartuu kaiken edessä ja koko luomakunta kumartuu vuorostaan hänen edessään.

Sisäistä muutosta ei voi tapahtua ítsekkään ihmisen läheisyydessä. Sadhaka (henkinen oppilas) ei voi muuttua, jos 'minä-' ja 'minun' tunnot hallitsevat mestaria. Tällaiset niin kutsut opettajat luovat vain pelkoa ja ahdistusta ympä-rilleen, mikä sulkee pois kaikki muuttumismahdollisuudet.

Kaikkialla maailmassa on ollut julmia kuninkaita ja diktaattoreja, jotka ovat välittäneet vain omista eduistaan, eikä mistään muusta. Heidän hallituskausinaan vallitsi väkivalta ja terrori ja sen seurauksena ihmisten sydämet sulkeutuivat. Toisaalta on ollut lukuisia esi-merkkejä suurista sieluista, jotka ovat muuttaneet monien ihmisten elämän paremmaksi pelkästään olemalla nöyrästi läsnä. Kaikki pelon jäljet katoavat sellaisen mestarin läheisyydessä. Todellinen mestari on kaiken itsekkyyden yläpuolella. Aito nöyryys luo rakkauden ja myötätunnon värähtelyn, joka puolestaan luo tarpeellisest olosuhteet henkiselle avautumiselle. Siksi satgurun läheisyys tarjoaa suotuisimman ilmapiirin, jossa sydämenne voi kukkia.

Itsen oivaltanut mestari oleilee ikuisesti Itsessä häiriintymättä elämän erilaisista kokemuksista. Ehkä huomaat, että mestari on nöyrääkin nöyrempi, tavallistakin tavallisempi, käsittömättömän rakastava, myötätuntoinen ja kärsivällinen, silti hän ei ole näistä mitään, sillä hän on kaikkien ominaisuuksien tuolla puolen. Hänen täydellinen mielen ja aistien hallinta antaa hänelle rajattoman kyvyn keskittyä mihin tahansa jumalalliseen ominaisuuteen ja ilmetä tuota ominaisuutta täydellisesti ja erinomaisesti, ilmaisten sen millä tahansa valitsemallaan tavalla. Mutta seuraavassa hetkessä hän voi vetäytyä siitä ominaisuudesta täysin koskemattomana ja kiintymättömänä.

Vaikka mestari saattaa olla nöyrä näyttääkseen esimerkkiä, on mahdotonta määritellä hänen olevan sitä tai tätä. Tietenkin hän on nöyrä, mutta hän on saman-aikaisesti nöyryyden tuolla puolen.

Oppilaan tulisi opetella olemaan nöyrä, sillä aito oppilas syntyy nöyryydestä. Mestari ei todellakaan voi astua elämääsi, jollei tämä ominaisuus ole herännyt sinussa. Oppilaan herääminen sisälläsi tuo mestarin luoksesi. Kiihkeä totuuden janosi synnyttää oppilaan sisälläsi. Sinussa herää rakastaja ja kun rakastaja on kerran herännyt, rakastettu ilmestyy. Ilman rakastajaa ei ole rakastettua. Ilman oppilasta ei ole mestaria. Mestari on kyllä yhä olemassa, mutta ei sinun elämässäsi.

Oppilaan nöyryys, hänen asenteensa olla ehdot-tomasti vasta-aloittelija ja hänen hyväksymisensä ja tietoisuutensa omasta tietämättömyydestä, tekevät hänestä avoimen ja vastaanottavaisen todelliselle tiedolle, jota mestari sitten vuodattaa häneen. Nöyryys on portti todellisena oppilaana olemiseen ja mestari itse antaa täydellinen esimerkin nöyryydestä.

Ilman pienintäkään epäröintiä Rama kosketti äiti-puolensa Kaikeyin jalkoja saadakseen tämän siunauksen ennen lähtöään neljäksitoista vuodeksi maanpakoon metsään, vaikka juuri Kaikey oli syypää hänen maasta karkotukseensa. Rama oli riittävän nöyrä kumartaakseen rakastavasti ja kunnioittavasti Kaikeyn edessä ilman yhtäkään vihan tai koston ajatustakaan.

Katsokaapa esimerkiksi Krishnan elämää. Hän oli täysin tietoinen jumalallisuudestaan, siitä kuka hän oli. Kuitenkin hän pesi nöyrästi kaikkien pyhimysten ja viisaiden jalat näiden tullessa osallistumaan *rajasuyaan*, jonka suoritti Yudhisthira, vanhin Pandava-veljeksistä. Ajatelkaa myös kuinka Krishna antoi *mokshan* (vapau-tuksen) metsästäjälle, joka oli välikappaleena hänen maallisen elämänsä päättymiselle maan päällä. Amma on myös kuullut, että ristiinnaulitsemistaan edeltävänä yönä Kristus pesi ja suuteli kaikkien apostoliensa jalat, myöskin Juudaksen, joka sitten petti hänet kolmestakymmenestä hopeakolikosta."

Jokaisessa meissä on piilossa oleva amma

Kysymys: "Amma, epäitsekkyydellään ja esi-merkillisellä elämällään nuo suuret sielut ovat innoittaneet ja kohottaneet ihmiskuntaa, mutta onko heidän suurilla teoillaan jokin 'sisäinen' merkitys?"

Äiti: "Jokaisella, myöskin julmalla tai itsekkäällä ihmisolennolla on ominaisuus voida valaistua; tämä ominaisuus uinuu jokaisessa teissä. Amma näkee Amman piilevänä teissä kaikissa. Jokaisessa on Krishna, Rama, Buddha tai Kristus. Jumalan valo voisi sarastaa teissä koska tahansa. Se odottaa vain oikeaa hetkeä tullakseen esiin. Suurilla mestareilla on kyky nähdä tuo piilevä valo, joka odottaa esiin tulemistaan, murtautumistaan egon seinien läpi. He näkevät tulevan Krishnan, Raman, Buddhan tai Kristuksen jokaisessa ihmisessä. Nähdessään näin Jumalallisen Äidin teissä, Amma kumartaa omalle Itselleen, Jumalalle. Näin suuret mestarit ovat aina tehneet. Mestarit voivat nähdä selvästi jumalallisuuden teissä. Mutta te itse ette voi havaita sitä, koska teiltä puuttuu tietoisuus. Mestarit kykenevät näkemään jumalallisen valon teissä ja siksi he kumartavat sille. Ette voi olla aidosti nöyrä, jollette kykene näkemään tätä valoa kaikissa. Itsen kokeminen tekee teistä luon-nollisen nöyrän kaikissa tilanteissa. Kun näette kaiken Jumalana, olette aina palvovassa tilassa. Kun ette enää koe erillisyyttä, koko elämänne muuttuu jumalanpalvelukseksi, rukoukseksi, ylistyslauluksi. 'Toinen' katoaa ja sen asemasta näette edessänne olevassa ihmisessä vielä uinuvan valaistumisen tilan, sisäisen Itsen. Tunnette silloin syvää kunnioitusta tuota ihmistä kohtaan. Tuossa tilassa mikään ei ole teille merkityksetöntä, kaikella on oma erityinen paikkansa. Näette korkeimman valon loistavan jopa ruohonkorressa."

Äiti on itse jokaisen julistamansa sanan elävä ruumiillistuma. Äiti kumartaa ihmisten edessä ennenkuin hän aloittaa darshanin antamisen ja hän kumartaa, kun darshan on päättynyt. Hän hyväksyy mitä tahansa palvoja hänelle ojentaa. Olipa se sitten hyvinkin arvokasta tai olkoon se hedelmä tai vaikkapa vain kasvin lehti, hän kumartaa sille kunnioittavasti ja kiitollisena.

Kukapa ei olisi nähnyt Äitiä palvomassa lapsiaan Devi Bhavan lopussa heitellen kukan terälehtiä heidän ylleen? Ja kukapa ei olisi kuullut Äidin vierailusta sairaalassa miehen luona, joka yritti surmata hänet? Mies oli kuolemaisillaan ja Äiti ruokki häntä rakastavasti omin käsin! Tuhannet ihmiset ovat nähneet Äidin hoitavan omalla parantavalla syljellään spitaalista Dattania. Alkuaikoina jokaisen Devi Bhavan lopussa ihmiset muodostivat piirin, pienen temppelin ympärille. Äiti tanssi temppelin ympäri kolme kertaa koskettaen ja siunaten ihmisiä ohittaessaan heidät. Dattan odotti Äitiä temppelin takana kahden vesikannun kanssa. Kun Äiti teki kolmatta kierrostaan, hän pysähtyi Dattanin eteen, kaatoi vettä tämän päälle ja kylvetti hänet.

Myöhemmin eräänä vuonna Seatlessa Äiti palasi eräänä aamuna majapaikkaansa noin puoli neljän aikaan aamulla annettuaan darshania useiden tuntien ajan. Kun hän käveli puutarhan polkua talon ovea kohden, hän hypähti yhtäkkiä taaksepäin sanoen astuneensa jonkin päälle. Kumartuessaan katsomaan hän löysi etanan, jota oli jalallaan lievästi vahingoittanut. "Voi, ei!" hän huudahti. "Voi raukkaa!" Äiti poimi etanan maasta ja piteli sitä kämmenellään. Katsellen surullisena pientä etanaa, hän sanoi: "Tämän olentoparan kumppani alkaa etsiä sitä pian ja on hyvin huolissaan ihmetellen mitä sille on tapahtunut." Äiti tuijotti kämmenellään olevaa etanaa useita minuutteja, sulki silmänsä, piteli etanaa otsaansa vasten ja laittoi sen hellästi takaisin maahan kasvin lehden alle ja meni sitten taloon.

Vaikka Äiti on yhtä Jumalan kanssa, hän palvoo silti jokaista olentoa luomakunnassa Jumalan ilmentymänä. Voisiko enää olla parempaa esimerkkiä innoituksen lähteeksi?

Stamford, Connecticut

Viimeinen ohjelma USA:ssa pidettiin pienessä talossa Stamfordin lähellä, Connecticutissa. Äiti antoi darshania istuen *asanallaan* ylösalaisin käännetyn maitokorin päällä, joka palveli istuinalustana.

Myöhään iltapäivällä Äiti meditoi seuraajiensa kanssa järven rannalla. Kaikilla oli vaikeuksia istua liikkumatta heidän ympärillään sakeana parvena hyörivien hyttysten takia. Äiti oli ainoa, joka ei häiriintynyt. Hyttysparven ympäröimänäkin hän istui täydellisen

125

liikahtamatta, täysin omaan tilaansa uppoutuneena kasvojen lois-
taessa tyyneyttä.

Amma on aina kanssanne

Äidin ensimmäinen Yhdysvaltain kiertue oli lähestymässä loppuaan.
Edellisenä iltana majapaikassaan vähän ennen lähtöä Yhdysvalloista
hän kääntyi erään nuoren naisen puoleen ja kysyi: "Miksi olet noin
surullinen?"
"Siksi, että Amma lähtee," nainen sanoi.
"Minne?!" oli Äidin välitön vastaus.

Connecticutista Äiti kuljetettiin New Yorkiin JFK:n lentoken-
tälle, missä ryhmä Äidin lapsia oli odottamassa jättääkseen hänelle
kyyneleiset jäähyväisensä. Ennen passintarkastukseen menoa Äiti
otti jokaisen hellästi käsivarsilleen.

Hän sanoi: "Lapset, Amma on aina kanssanne. Joka kerta aja-
tellessanne häntä, Amma näkee selvästi kasvonne. Ja tiedättekö,"
hän jatkoi, "joka ilta, kun Amma asettuu lepäämään Intian ashra-
missa, Amma käy lastensa luona kaikkialla maailmassa. Amman
lapset ovat hänen joutseniaan ja kuin paimen Amma tarkistaa, että
he ovat turvassa ja tuo harhateille eksyneen takaisin tarhaansa. Te
kaikki olette linnunpoikasia ja Amma pitää teidät siipiensä suojassa."

Kun Äiti oli lähdössä, monet saattajista huu-dahtivat: "Äiti,
tule takaisin luoksemme!" Äiti katsoi heitä hyvin hellästi ja sanoi:
"Älkää murehtiko lapset. Amma tulee takaisin." Hän hyvästeli heidät
pitäen käsiään päänsä yläpuolella kämmenet yhteen liitettyinä ja
sanoi lempeästi englanniksi: "Minun lapseni…."

Kylvettyään tällä tavoin aidon henkisyyden siemenet Amerikan
Yhdysvaltojen maaperään ja niiden sydämiin, jotka olivat tulleet
tapaamaan häntä, Äiti lähti Eurooppaan heinäkuun 14. päivänä,
mutta hänen hienoviritteinen henkinen läsnäolonsa jäi hänen las-
tensa luo.

Lyhyessä ajassa Äiti oli saanut aikaan suuren muutoksen ihmi-
sissä. Heidän koko näkemyksensä elämästä oli täysin muuttunut.

Pitämättä oppineitten luentoja tai kukkaiskielisiä puheita, hän pikemminkin otti pysyvän sijan ihmisten sydämissä viattomalla lähestymisellään - ojentaen heille kätensä kaikkea syleilevän rakkautensa, pelkän läsnäolonsa, kosketuksensa ja katseensa kautta. Hänen puhumansa malajalamin kieli tai kansallisuus ei muodostanut minkäänlaisia esteitä vuorovaikutukselle. Kääriytyneinä hänen rakastavaan syleilyyn ihmiset spontaanisti purkivat sydäntään hänelle. He yksin-kertaisesti avautuivat ja oivalsivat, että Äidin jokainen liike välitti heille jumalallisen viestin. Hänen katseensa ja hymynsä puhuttelivat heitä. Myös hänen jokainen henkäyksenä välitti heille jotakin jumalallista. Hänen koko olemuksensa oli sanoittakin yhteydessä heidän kanssaan.

Eurooppa

Äiti saapui Pariisiin 15. päivänä heinäkuuta 1987 varhain aamulla. Sarvatma (Jacques Albohair) ja joitakin muita Äidin seuraajia oli lentokentällä toivottamassa hänet tervetulleeksi. Kun he näkivät Äidin tulevan heitä kohti, he vain seisoivat ja katsoivat häntä ihmeissään. He eivät tienneet mitään intialaisesta perinteestä seppelöidä guru. He vain tuijottivat Äitiä ihmeissään tietämättä lainkaan mitä tehdä. Äiti tervehti heitä hyvin lämpimästi aivan kuin kauan kadoksissa olleita lapsiaan. Odotellessaan matka-laukkujaan tullista hän istuutui lattialle lentokentän nurkkaukseen ja halasi jokaista. Hän kyseli jokaiselta jotakin arkipäivään liittyvää, heidän vointiaan, missä he asuivat ja niin edelleen. Hän tuli heidän tasolleen ja puhui heille tällä tavoin rikkoakseen jään ja saadakseen heidät tuntemaan olonsa luontevammaksi.

Kun matkatavarat oli saatu, vastaan tulleet kuljettivat matka-seurueen Kathy ja Daniel Demillyn taloon, joka sijaitsi Dourdanissa Pariisin ulkopuolella. Muutamia ihmisiä oli odottamassa Äitiä talossa. Äiti halasi heitä, puhui heidän kanssaan jonkin aikaa ja vetäytyi sitten huoneeseensa lepäämään.

Ensimmäinen darshan pidettiin olohuoneessa myöhemmin iltapäivällä. Siihen osallistui noin neljä-kymmentä ihmistä. Äiti istui lattialla ja kutsui ihmiset luokseen yhden kerrallaan. Hän vietti viidestä kymmeneen minuuttiin jokaisen kanssa, piti heitä lähellään, helli heitä ja laittoi pyhää tuhkaa heidän otsalleen, antoi makeisia, puhui heille ja teki heille kysymyksiä. Monet ihmiset sekä miehet että naiset, nuoret ja vanhat vuodattivat kyyneleitä Äidin läheisyydessä. He olivat syvästi liikuttuneita, sillä heille oli selvää, että Äiti tiesi heistä kaiken, että hän tiesi heidän elämänsä jokaisen yksityiskohdan, heidän menneisyytensä ja tulevaisuutensa ja jokaisen heidän mielessään liikkuvan ajatuksen. Kuitenkaan hänessä ei ollut jälkeäkään tuomitsemisesta, oli vain rajatonta ja ehdotonta rakkautta, joka oli ilmeistä. Se oli suurempaa kuin mikään rakkaus, mitä he olivat koskaan ennen kokeneet. Jokainen sai tuntea olevansa mitä kallisarvoisin Äidin lapsi.

Myöhään iltapäivällä Äiti meni huoneeseensa ja jatkoi siellä niitten ihmisten tapaamista, jotka olivat ilmaisseet darshanissaan toiveensa saada puhua hänen kanssaan yksityisesti.

Samoin kuinYhdysvalloissa myös Euroopassa melkein kaikki aamuohjelmat pidettiin ihmisten kodeissa, kun taas iltaohjelmat järjestettiin erilaisissa halleissa.

Pariisi

Vaikeuksien kohtaamisesta

Pariisissa eräs mies kertoi Äidille voimakkaasta halustaan jättää työpaikkansa, koska hän koki siellä painostavia tilanteita. Hän sanoi: "Amma, tunnen itseni avuttomaksi ja hämmentyneeksi, kun joudun kohtaamaan niin paljon paineita. Mitä minun tulisi tehdä?"

Äiti: "Milloin tahansa eteesi tulee vaikea tilanne, haluat vaistonvaraisesti heti paeta välttyäksesi koh-taamasta sitä ja juosta pois. Ihmiset luulevat, että he voivat siten vapautua ongelmistaan. Mutta niin ei ole. He saattavat kyetä pakenemaan hetkeksi, mutta ennemmin tai myöhemmin samat vaikeudet ilmestyvät uudestaan aiempaa suurempina.

Sinun tulisi ymmärtää, että millään ulkoisella ei ole voimaa vahingoittaa sinua. Vain kun mielesi tulkitsee tilannetta, kipu sisälläsi kuplii pintaan. Tilanteesta tulee ongelma, kun tulkitset sen väärällä tavalla. Sinun tulisi päästä siihen, että mielesi ei saisi valtaa tulkita tai selitellä ulkoisia tilanteita. Tämä on mahdollista vain, kun opit olemisen taidon.

Lapset, ongelmanne eivät johdu ulkoisista olo-suhteista. Ette voi karttaa ulkoisia tilanteita. Ne kuuluvat elämään. Olettakaamme, että eräänä kauniina aamuna vanhahko nainen kävelee avioparin kotiin. Aviomies näkee hänet ja iloitsee. Hän huudahtaa: 'Voi äiti,

129

kuinka ihanaa on nähdä sinut!' Mutta hänen vaimonsa sitävastoin ei ole ollenkaan ilahtunut nähdessään anoppinsa. Kuinka selitätte tämän? Kuinka sama henkilö voi aikaansaada kahdessa ihmisessä niin erilaisen reaktion? Tämähän ei tehnyt mitään muuta kuin käveli ovesta sisään! Sehän oli vain eräs tilanne. Mutta toiselle siitä tuli iloinen tapahtuma, kun taas toiselle se aiheutti pelkästään onnettomuutta. Toiselle siitä tuli ongelma, toiselle se oli päinvastoin. Joten päämäärä on estää mieltä tulkitsemasta ja selittelemästä ulkoisia tilanteita. Teidän mielenne ovat niin heikkoja ja tuomitsevia, että teistä tulee luonnostaan tilanteiden uhreja ja te ajaudutte harhaan. Vaikeudet syntyvät siitä, että reagoitte kielteisesti. Toisin sanoen teidän ongelmanne ovat teissä itsessänne. Aukaiskaa mielenne solmut, sillä siellä ongelmanne todellisuudessa ovat ja silloin kokemanne ulkoiset solmut katoavat itsestään.

Jotkut opiskelijat tulevat luokseni ja sanovat: 'Amma, kokeet olivat hirveä ongelma.' Amma kysyy heiltä: 'Missä on ongelma? Oliko se kysymyspaperissa? Ei, koska toiset ovat onnistuneet erinomaisesti samoissa kokeissa. Todellinen vaikeus olet sinä itse, koska et opiskellut tarpeeksi ahkerasti. Koe on saattanut olla sinulle ongelma, mutta se ei ollut ongelma niille, jotka todella paneutuivat opiskelemaan kyseessä olevaa oppiainetta.'

Monet ihmiset kertovat Ammalle, että heillä on ongelmia aviomiehensä tai vaimonsa kanssa. Mutta sama aviomies tai vaimo on usein jonkun hyvä ystävä, toisen veli tai sisar ja rakastava isä tai äiti lapsilleen. Krishna oli Pandavien hyvä ystävä, kun taas Kauravat pitivät häntä vihollisenaan. Samalla tavoin uskovaiset pitivät Jeesusta rakkaana ystävänään ja pelastajanaan, kun taas toiset näkivät hänessä uhan. Luuletteko, että ongelma oli Krishnassa tai Jeesuksessa? Ei, ongelma oli Kauravissa ja Jeesuksen epäilijöissä.

Länsimaissa on tapana seurustella pitkään, ja jos mies ja nainen pitävät toisistaan, he menevät naimisiin ja saavat lapsia. He ovat onnellisia jonkin aikaa, mutta sitten tulee vaikeuksia. Esiin alkaa nousta pelon ja vihan aiheuttamia ristiriitoja. Molemmat haluavat paeta tilannetta juoksemalla pakoon ja niin he päätyvät eroon.

Avioeronsa jälkeen he saattavat elää suloisen kipeissä muistoissa jonkin aikaa, mutta ei kestä kauan ennen kuin he alkavat tapailla jotakin toista ja jälleen he kiertävät samaa kokemusten kehää. Ajatelkaa kuinka usein tämä toistuu. Ihmiset käyttävät hyväkseen toisiaan ja arvostelevat toistensa vikoja ja heikkouksia. He eivät tiedosta sitä tosiaa, että ongelmat ovat heissä itsessään. Saatatte paeta tuon henkilön luota. Saatatte rynnätä yhdestä avioliitosta toiseen toivoen, että ongelmanne ovat vihdoinkin takana päin. Mutta ei kestä kauaakaan, kun löydätte 'saman henkilön'. Toisin sanoen löydätte edestänne jonkun, jolla on samat heikkoudet ja sama tietoisuuden taso. Hän on vain erilaisessa 'kää-repaperissa' ja erilaisessa elämäntilanteessa. Saatat havaita uuden tilanteen olevan pahemman kuin ai-kaisemman. Henkilön ulkonäkö on muuttunut, mutta 'käärepaperin' sisältö, tietoisuuden taso pysyy samana, koska sinä et ole muuttunut. Joten valitsemiesi kump-paneiden tietoisuudentaso on sama kuin aikaisemminkin. Ero on vain ulkoisessa olemuksessa.

Jollei tietoisuudessanne ja sen mukana asen-teessanne tapahdu huomattavaa muutosta, ongelmanne eivät katoa. Ne seuraavat teitä kaikkialle ja häiritsevät teitä alituisesti. Mielenne painostaa teitä jatkuvasti pakenemaan elämäntilanteita ja harhauttaa teitä valheellisilla lupauksilla paremmasta tulevaisuudesta.

Hylkäämällä hyvin yleisen väärinkäsityksen - näkemyksen, että ongelmanne johtuisivat ulkoisista olosuhteista - voitte poistaa ongelmanne kertakaikkisesti ja lopullisesti. Ymmärtäkää, että vaikeutenne löytyvät omasta mielestäsi. Tultuanne tästä kerran tietoiseksi voitte aloittaa sisäisten heikkouksienne muutosprosessin. Meditaatio on metodi, jota käytetään sen saavuttamiseksi. Vain sisäinen hiljaisuus, tyyneys ja rentous, jonka saavutatte meditoimalla auttavat teitä tässä."

Sitten brahmacharit lauloivat Äidin pyynnöstä *Shakti Mahadevin:*

131

Shakti Mahadevin

Kunnioittava tervehdys Shaktille,
suurelle Jumalattarelle,
joka voidaan saavuttaa antaumuksella.
Kunnioittava tervehdys kaikkeuden siemenelle,
yhdelle Totuudelle,
äärettömälle ja täydelliselle Tietoisuudelle.

Oi jumalallinen lootukseni!
Shivan vasen silmä,
kaikkien toiveitten täyttäjä,
kaikkien hallitsija,
joka loistat kaiken taustalla,
suojele minua.

Sinä olet taivaallisten olentojen Jumalatar,
joka suojelet heitä kaikilta suruilta.
Sinä olet puhdas,
joka suojelet jopa Maitovaltameren Herraa.

Luoja tekee työtään
vain katseesi takia.
Kunnioittava tervehdys Sinulle,
joka tulit Saraswatina
Brahmasta,
koko Universumin Siemenenä.

Luomistyö, luodun ylläpitäminen ja
sen tuhoaminen
tapahtuvat Sinun käskystäsi.
Oi kahdeksan-kasvoisen egon tuhoaja,
joka rakastat veenan sointuja.
Ja raivostuessasi
pidät myös veren mausta.

Sinä olet veda,
olet absoluutti,
olet kaikissa olennoissa
Sinä olet lopullinen vapautus.

Optimismi

Eräänä iltana darshanin aikaan Amman luo tuli nainen, joka kertoi, että melkein hänen koko toivonsa elämän suhteen oli kadonnut.

Äiti: "Tyttäreni niin kauan kuin pystyt luottamaan Jumalaan, ei ole aihetta menettää toivoaan. Joskus sinusta saattaa tuntua siltä, että kaikki ovet ovat kiinni, että minkäänlaista ulospääsyä ei ole. Mutta jos katsot tarkasti, huomaat monien ovien olevan yhä avoinna. Keskittyessäsi suljettuihin oviin et huomaa niitä, jotka ovat yhä avoinna. Elämä ja Jumala ovat yksi ja sama. Sinä olet Jumalan lapsi. Jumala ei koskaan sulje kaikkia ovia ympäriltäsi. Hänen ääretön rakkautensa ja myötätuntonsa ei salli hänen olla niin julma. Jumala pitää aina enemmän kuin yhden oven avoinna. Saattaa vaikuttaa siltä, että ne ovat kiinni, mutta ne on tosiasiassa jätetty hieman raolleen. Pieni koputus riittää avaamaan ne. Mutta tietämättömyys on sokaissut silmämme. Me emme huomaa avoimia ovia, joiden kautta Jumalan armon valo tulvii sisään.

Lapseni, älä koskaan menetä rohkeuttasi. Älä koskaan kadota luottamustasi Jumalaan tai elämään. Ole aina optimistinen olitpa minkälaisessa tilanteessa tahansa. On hyvin tärkeää olla myönteinen. Kielteisyys on yksi pimeyden ja tietämättömyyden ilmenemismuodoista. Se estää Jumalan valon pääsyn elämääsi. Pessimismi on verrattavissa kiroukseen. Se on kuviteltu kirous, jonka ihmisen oma harhainen mieli on luonut. Elämä on täynnä Jumalan valoa, mutta vain olemalla optimistinen, koet tuon valon.

Katso luonnon optimismia. Mikään ei voi estää sitä. Luonnossa kaikki antaa väsymättä oman osuutensa elämälle. Pienen linnun, eläimen, puun tai kukan osuus siihen on aina täydellistä. Ovatpa vaikeudet millaisia tahansa, ne yrittävät yrittämistään koko sydämensä kyllyydestä. Vain ihmiset ovat pessimistisiä ja se aiheuttaa kärsimystä.

Amma on kuullut seuraavan tarinan. Kenkätehdas lähetti kaksi myyntimiestä kaukaiselle saarelle, missä asui vain alkukantaisia ihmisiä. Heidän tehtävänsä oli valloittaa saaren myyntimarkkinat. Jonkin ajan kuluttua toinen miehistä lähetti yritykselle viestin: 'Ihmiset eivät tiedä täällä edes mitä kengät ovat! He eivät käytä kenkiä! Tilanne on toivoton. Tulen takaisin.' Sitä seurasi hänen toverinsa viesti: 'Nämä alkuasukkaat eivät käytä kenkiä. He eivät tiedä niistä mitään. Täydet mahdollisuudet! Mikä tilaisuus! Lähettäkää heti ensimmäinen laivalasti.'

Amma tietää, että ei ole helppoa olla aina optimistinen. Saatat kysyä, kuinka on mahdollista olla optimistinen, kun kohtaamme elämässä niin monenlaisia koettelemuksia ja surua? On totta, että se on vaikeaa - mutta olemalla pessimistinen etenet kohti vieläkin suurempaa epätoivoa ja pimeyttä. Sinun voimasi ja mielesi selkeys katoavat tyystin ja pessimismin pi-meydessä tunnet itsesi hylätyksi ja eristetyksi. Optimismi on Jumalan valoa. Se on armon muoto, joka sallii sinulle paljon laajemman näköalan ja siten sallii sinun nähdä elämää selkeämmin."

Kärsivällisyys ja innostus

Eräs kauan henkisellä tiellä ollut nainen kysyi Äidiltä: "Amma, olen harjoittanut meditointia vuodesta 1973 silti en ole kokenut minkäänlaista edistymistä. Joskus olen niin pettynyt, että lakkaan tekemästä sadhanaa. Voisitko olla ystävällinen ja neuvoa minua?"

Äiti hymyili ja kysyi: "Eikö minkäänlaista edis-tymistä?"

Nainen vastasi: "No... itseasiassa, edistymistä on tapahtunut jonkin verran".

"Kuinka paljon? Voitko kertoa siitä jotakin?" Äiti kysyi.

"Yritän," nainen mietti hetken aikaa, "minä olin hyvin herkkä ja äärettömän haavoittuva. Mutta aloitettuani meditoimisen ja muut henkiset harjoitukset luulen saaneeni enemmän rohkeutta ja itseluottamusta."

"Sinä siis *luulet*. Tyttäreni, se tarkoittaa, ettet ole kovin varma". Nainen oli häkeltynyt ja sanoi: "Amma, sinä olet kuin kuulustelija!"

Äiti nauroi ja heitti takaisin: "Se on totta, Amma tarkkailee ja tutkii sinun sisäistä itseäsi, hän yrittää vetää ulos vanhan voidakseen luoda uutta".

Äiti katsoi naista rakastavasti, laittoi kätensä hänen ympärilleen ja halasi häntä hellästi.

"Tyttäreni, henkisen etsijän on oltava hyvin kärsivällinen ja innostunut. Jotkut ovat kärsivällisiä, mutta eivät innostuneita, jotkut taas ovat innostuneita, mutta heiltä puuttuu kärsivällisyyttä. Vain näiden kahden välinen täydellinen tasapaino auttaa etsijää syventämään kokemustaan.

Tarkkaile nuoria. He ovat hyvin innostuneita tekemään asioita, mutta heillä ei ole kärsivällisyyttä ajatella asioita läpikotaisin. Kärsivällisyys on se, joka avaa portin erottelukykyiseen ajatteluun. Nuoret kuitenkin yksi-puolisessa innossaan syöksyvät tekemään asioita ajat-telematta tarkemmin. Heidän aistinsa ovat vahvat ja terveet. Heidän egoistinen mielensä tuntee vetovoimaa jännittäviin elämyksiin ja seikkailuihin, mutta puuttuvan kärsivällisyyden ja erottelukyvyn vuoksi he ajautuvat usein vaikeuksiin.

Toisaalta, kuuden- tai seitsemänkymmenen vuoden ikään tultuaan ihmiset ovat usein hyvin kärsivällisiä, mutta heiltä puuttuu innostus. Kokemus on opettanut heitä olemaan enemmän kärsivällisiä ja erottelukykyisiä. Näinollen he ovat paljon harkitsevampia. Mutta eivät ole tarpeeksi innostuneita. He eivät voi olla yhtä innostuneita kuin teini-ikäiset, koska heidän aistinsa ovat heikentyneet, heidän voimansa on vähentynyt ja he ovat kadottaneet elämän innostuksen.

Katso konttaavaa lasta, joka yrittää nousta seisomaan ja oppia kävelemään. Lapsi kaatuu luke-mattomia kertoja epäonnistuen kerta toisensa jälkeen. Hän saattaa saada mustelmia polviinsa, lyödä päänsä lattiaan ja itkeä, mutta itsepintaisesti hän yrittää yhä

135

uudestaan nousta ja oppia kävelemään - kunnes onnistuu. Vaikka lapsi epäonnistuu, ei vain kerran vaan lukemattomia kertoja, hän kuitenkin on sekä kärsivällinen että innostunut ja nämä ominaisuudet auttavat lasta lopulta onnistumaan.

Jatkuva rohkaiseminen, jota lapsi saa äidiltään, on toinen huomattava seikka. Lapsen onneksi äiti on aina läsnä tukemassa häntä rohkaisevin sanoin ja antamassa lapselle uskoa ja luottamusta. Joka kerta kun pienokainen kaatuu, äiti nostaa hänet jälleen ylös rakastavin käsin. Äiti suutelee ja hyväilee häntä sanomalla: 'Älä itke. Kaikki on hyvin. Äiti on tässä.' Hän laskee lapsen alas ja suostuttelee tätä yrittämään uudestaan. Tämä tapahtuu lukemattomia kertoja ennen kuin lapsi vihdoinkin kykenee seisomaan omilla jaloillaan ja kävelemään varmoin askelin.

Äidin rohkaisevat sanat ja rauhoittava kosketus auttavat lasta kehittymään. Äidin rakkaus antaa lapselle tämän tarvitsemaa sisäistä voimaa. Samalla tavalla henkinen oppilas tarvitsee lapsenkaltaista kärsivällisyyttä ja intoa, mutta kaikkein eniten hän tarvitsee satgurun rakastavaa läheisyyttä ja rohkaisua opastamaan häntä päämäärään. Juuri mestarin läheisyys auttaa *sadhakaa* (henkinen oppilas) olemaan kärsivällinen, innostunut ja myönteinen silloinkin, kun hän turhautuu, häneltä puuttuu toivoa ja hän tuntee halua luopua *sadhanasta* (henkiset harjoitukset).

Lapset, teidän *vasananne* ovat äärettömän vahvoja ja syvälle juurtuneita. Ne yrittävät vetää teidät alas yhä uudestaan ja uudestaan, mutta älkää koskaan luopuko toivosta. Olkaa päättäväisiä ja jatkakaa eteenpäin.

Olettakaamme jonkun istuneen kauan pimeässä huoneessa. Sitten eräänä päivänä hän tulee ulos päi-vänvaloon. Aluksi hänen on vaikea tottua päivänvaloon. Kestää jonkin aikaa ennen kuin silmät sopeutuvat valoon. Samalla tavoin me olemme eläneet tässä maailmassa uskoen siihen, että olemme keho. Olemme samaistuneet kehoomme siinä määrin, että kun yritämme nyt vetäytyä pois kehoon samaistumisesta, huomaamme sen olevan hyvin vaikeaa.

Olemme niin tottuneet tietämättömyytemme pimeyteen, että meistä on vaikea tulla ulos Jumalan valoon.

Vasanoittemme ja totuttujen tapojemme voima on niin suuri, että emme helposti pysty vapautumaan niiden otteesta. Heti tilanteen ilmaantuessa *vasanat* tulevat automaattisesti esiin. Amma kertoo teille erään tarinan.

Oli kerran kaksi lasta, sisar ja veli. Eräänä päivänä he pukeutuivat viittoihin ja laittoivat paperikruunut päähänsä. He kuvittelivat olevansa maan kuningas ja kuningatar. He menivät koputtamaan naapuritalon ovelle. 'Kuka siellä?' kuului sisältä. 'Täällä on kuningas ja kuningatar', lapset sanoivat. Naapuri päätti yhtyä heidän leikkiinsä. Hän avasi oven sepposen selälleen ja sanoi: 'Teidän majesteettinne, tämä on suuri kunnia! Olisinpa tiennyt tulostanne niin olisin levittänyt punaisen maton eteenne ja kutsunut myös trumpetin soittajat.' 'Ei se mitään', lapset sanoivat. 'Päästä meidät vain sisään ja anna meille jotain syötävää.' Nainen päästi heidät sisälle ja veti kaksi tuolia esiin. 'Teidän kuninkaalliset korkeutenne, olkaa ystävälliset ja istuutukaa valtaistuimillenne', hän sanoi. 'Kuningas' ja 'kuningatar' istuutuivat hyvin arvokkaasti. Nainen toi heille kotona paistettuja pikkuleipiä ja maitoa. 'Tässä on kuninkaallisille sopivia herkkuja', hän sanoi. Kuningas ja kuningatar nyökkäsivät hyväksyvästi. Pikkuleivät oli muotoiltu kauniisti erilaisten eläinten muotoisiksi. Siinä oli suuri valikoima karhuja, kissoja, kaloja, ankkoja ja lampaita, mutta vain yksi elefantti-pikkuleipä. Ja koska niitä oli vain yksi, niin sekä kuningas että kuningatar halusivat sen. Molemmat kurkottautuivat ottamaan sitä, mutta kuningatar tarttui siihen ensin. Kuningas suuttui niin, että hän tyhjensi maitolasinsa kuningattaren päälle. Kuningatar sieppasi kourallisen pikkuleipiä ja heitti ne kuninkaan päälle. Pian he pommittivat toisiaan pikkuleivillä ja sitten he pomppasivat pystyyn val-taistuimiltaan ja alkoivat taistella keskenään. He pudottivat kruununsa ja heidän viittansa repeytyivät. He eivät enää olleet valtakuntansa kuningas ja kuningatar, vaan kaksi pikkuleivistä tappelevaa lasta.

Ainoastaan jatkuva, erittäin kärsivällisesti ja innostuneena tehty harjoitus auttaa teitä voittamaan piilevät taipumuksenne ja vanhat tapanne. Ennen kaikkea tarvitsette satgurun armoa ja hänen rakastavaa opas-tustaan. Älkää koskaan luopuko henkisistä harjoituk-sistanne hetken turhautumisen tai pettymyksen vuoksi. Riippumatta siitä minkälaisia henkisiä harjoituksia teette, ette kadota niiden tuloksia. Mitä tahansa olette harjoi-tuksillanne saa-vuttanut, se säilyy ja kantaa hedelmää aikanaan."

Äiti sulki silmänsä ja uppoutui meditaatioon. Jonkin ajan kuluttua hän avasi jälleen silmänsä ja alkoi laulaa *Karunalaye Devi* -laulua.

Karunalaye Devi

Oi Jumalatar,
myötätunnon tyyssija,
kaiken toivomamme antaja.
Oi Katyayani, Gauri, Sambhavi, Sankari![16]

Rakkain Äiti,
Om-soinnun ydinolemus,
Sinä palvot Om-sointua.
Oi Äiti, kuullessasi Om Shakti -mantran,
tulet juosten!
Oi universaalisen harhan Suuri Voima!

Sinä olet luomistyön syy,
maailmankaikkeuden ylläpitäjä ja tuhoaja.
Oi Äiti, Sinä olet kaikki,
kaikki on Sinua.

Ei ole olemassa muuta kuin Sinä.
Oi Äiti, tällä anojalla ei ole muuta tukea
kuin Sinä, oi kaiken autuuden sisin olemus!
Oi autuaallinen Itse, suo minulle ihmeellinen armolahja!

---

[16] Jumalallisen Äidin nimiä.

Zurich

Tässä ja nyt

Zurichissä Äiti asui Heidi Furerin luona. Ensim-mäinen iltaohjelma pidettiin hänen talossaan. Heidi oli vieraillut Äidin ashramissa Intiassa vuonna 1984. Zurichissä oli kylmää vaikka olikin kesä. Brah-macharit ja ryhmän mukana matkustavat intialaiset seuraajat eivät olleet tottuneet kylmään. He pukivat ylleen villapuserot ja käyttivät hattuja, mutta niistä ei ollut paljon apua. He palelivat niin, että heidän oli vaikeaa nousta aamuisin makuupusseistaan.

Ensimmäisen iltaohjelman aikana eräs nuori mies esitti Äidille kysymyksen:

"Useimmat henkiset mestarit neuvovat oppilaitaan unohtamaan menneisyyden ja tulevaisuuden ja kehottavat elämään nykyhetkessä. He opettavat useita eri menetelmiä auttaakseen ihmisiä elämään hetkestä hetkeen. Ikävä kyllä useimmat meistä ovat kiinni menneisyydessä ja jatkuvasti huolissaan tulevaisuudesta. Kuinka on mahdollista tavallisten ihmisten, joiden pitää huolehtia laskujensa maksamisesta, vakuutuksista, vuokranmaksuista tai lainojen lyhennyksistä ja lasten kouluttamisesta, lakata huolehtimasta elämän perustarpeista ja saman aikaisesti tuntea olevansa täysin levollisia? Eikö huoli tulevaisuudesta aja ihmisiä tekemään työtä, ansaitsemaan rahaa ja huolehtimaan kunnolla velvollisuuksistaan ja tarpeistaan? Eivätkö menneet kokemukset kannusta olemaan varovaisia tulevaisuudessa ja myöskin varoita toistamasta erehdyksiä? Kuinka tällaisissa olosuhteissa on kenenkään mahdollista täysin unohtaa menneisyys ja tulevaisuus ja elää pelkästään tässä hetkessä?"

Äiti: "On totta, mitä sanoit useimpien ihmisten huolista. Kukaan ei voi kieltää tavallisen ihmisen arkipäivän huolia. Menneet kokemukset auttavat varmasti suun-nittelemaan tulevaisuutta paremmaksi. On myös totta, että tulevaisuuden haaveet kannustavat ahertamaan unelmien toteuttamiseksi. Kuitenkin todellinen kysymys on, onko mitään hyötyä siitä, että kadumme menneisyyttämme tai olemme huolissamme tulevaisuudesta. Voit suunnitella tulevaisuutesi kokemustesi perusteella ja sen mukaan mitä olet oppinut menneisyydestä. Mutta älä jää asumaan menneisyyteen tai tulevaisuuteen. Voit suunnitella päivällistä, mutta älä tee sitä valmistaessasi lounasta. Älä ajattele kuinka paljon käytät suolaa illalliseen, kun lisäät suolaa valmisteilla olevaan ruokaan. Äläkä kadu eilen valmistamaasi epäonnistunutta keittoa. Keskity vain keittoon, joka kiehuu liedellä juuri tällä hetkellä. Sinä haluat sen olevan terveellistä ja hyvänmakuista. Eikö totta? joten ole valpas ja tietoinen juuri tästä hetkestä! Tässä hetkessä elämiseen liittyvää opetusta voidaan tarkastella kahdesta eri näkökulmasta. Toisaalta on tavallinen ihminen, jolla on ammatti, yhteiskunnallinen asema ja perhevelvollisuudet sekä toisaalta *sadhak* (henkinen oppilas), joka ei halua mitään muuta kuin oivaltaa Jumalan.

Tavalliselle ihmiselle, jolla on maallisia velvollisuuksia, menneisyyden ja tulevaisuuden täydellinen unohtaminen ei ole mahdollista, eikä hänen tarvitsekaan unohtaa niitä. Mutta menneisyydestä ja tulevaisuudesta liikaa murehtiminen estää häntäkin suorittamasta kunnolla ajankohtaisia velvollisuuksia. Toiminta tapahtuu aina nyt, tässä hetkessä. Voidaksesi täyttää velvollisuutesi sinun on keskityttävä käsillä olevaan työhösi käyttäen lahjojasi ja kykyjäsi sataprosenttisesti. Jostain muusta murehtiminen tai unelmoiminen häiritsee työtäsi. Ennen kuin aloitat työsi sinun tulisi ajatella aiemmin tekemiäsi erehdyksiä ja aiempia epäonnistumisiasi, ja valmistaa mieli työlle, jonka aiot tehdä. Kaikki suunnitelmat tulisi tehdä etukäteen. Kuitenkin aloitettuasi työn sinun tulisi kiinnittää koko huomiosi vain siihen mitä juuri teet. Jos sinulla työn aikana on tarvetta muistaa jotakin, pidä tauko, mene men-neisyyden tallelokerolle ja etsi sieltä tarvitsemasi tieto. Tule sitten sieltä pois ja jatka sitä mitä olit tekemässä paneutumalla siihen koko sydämelläsi ja sielullasi. Älä jää menneisyyden muistoihin! Voidaksesi toimia täysi-painoisesti sinun on oltava läsnä nykyhetkessä. Ota esimerkiksi maalari, joka yrittää vangita kankaalle maiseman kauneutta. Jos hän maalatessaan ajattelee tyttöystäväänsä, hänen aikaansaannoksensa on vain keskinkertainen, koska hänen sydämensä ei ole työssä mukana. Hänen huomionsa on hajaantunut.

Nainen oli matkalla torille kantaen kanan-munakoria päänsä päällä. Kävellessään tietä pitkin hän alkoi unelmoida: 'Näistä munista saan hyvän hinnan. Niillä rahoilla voin ostaa lisää kanoja. Kanat munivat niin paljon, että pian voin ostaa lehmän. Lehmä tuottaa niin paljon maitoa, että ennenpitkää minulla on varaa ostaa lisää lehmiä. Maidosta saamillani tuloilla voin ostaa maatilan. Maatila tekee minut niin rikkaaksi, että voin ostaa kauniin kartanon. Siinä vaiheessa olen niin rikas, että monet nuoret miehet kiinnostuvat minusta. Kun kohtaan heidät kadulla, keinutan lanteitani ja kävelen tällä tavalla...' Ja kun nainen keinutti lanteitaan, kori putosi hänen päänsä päältä, putosivat maahan ja menivät rikki.

Ihmisillä on syvä taipumus unelmoida tule-vaisuudesta, purjehtia kauas mielikuvituksen siivillä. Unelmat kuuluvat tulevaisuuteen. Unelmoiminen tekee teistä toimettomia ja kyvyttömiä. Unelmoimiseen ei tarvita ponnistelua. Jos sinulla ei ole mitään muuta tekemistä, voit vain istuskella ja unelmoida kuuhun matkustamisesta tai kauniista kuninkaallisesta puolisosta tai vastustajasi voittamisesta. Mielellä on ominaista murehtia menneitä ja unelmoida tulevasta. Jopa normaali, menestyvä ja toimelias ihminen voi helposti joutua menneisyyden ja tulevaisuuden pauloihin. Ihmiset eivät tiedosta kuinka paljon he hukkaavat voimiaan sellaisiin haaveiluihin. Silloin kun teemme jotain, on suuri virhe ajatella mennyttä ja tulevaa. Saatat olla jopa hyvin lahjakas ja menestyvä alallasi, mutta uppoutuessasi haaveilemaan tukahdutat puolet kyvyistäsi, sen sijaan että käyttäisit kaikkia voimavarojasi. Voidaksesi toimia täydellisesti, voidaksesi olla täydellinen ja erinomainen toiminnassasi, sinun on opittava elämään käsillä olevassa hetkessä. Silloin koko suorituskykysi kanavoituu siihen mitä tahansa teet.

Ne, jotka haluavat ainoastaan oivaltaa Jumalan, eivät välitä menneestä eivätkä tulevasta. He pyrkivät olemaan tässä hetkessä, sillä Jumala on tässä hetkessä. Vain siitä löytyy täydellinen rauha ja onni. Olemalla tässä hetkessä löydät sisältäsi täydellisen rauhan ja hil-jaisuuden. Menneisyys ja tulevaisuus ovat mielen liikehdintää. Mieli liikkuu menneestä tulevaan ja taas takaisin kuten kellon vastapaino. Olemassaolon todellinen keskus koetaan, kun mielen heiluri hiljenee. Mieli saavuttaa hiljaisuuden tilan, kun se lepää nykyhetkessä. Tuota hiljaisuutta tai keskusta todellinen etsijä kaipaa ja siksi hän ei välitä menneestä tai tulevasta. Hänen keskittymisensä polttopiste on tässä ja nyt. Tämä tila tunnetaan Jumalan muistamisena. Päädyt Jumalan muistamiseen, vain kun päästät menneisyyden me-nemään ja lopetat tulevasta unelmoinnin. Silloin mielen heiluri lakkaa heilumasta edestakaisin ja mieli saavuttaa hiljaisuuden tilan. Olet ja elät nykyhetken hiljai-suudessa."

Schweibenalp

Äiti vietti Sveitsin Alpeilla Schweibenalpissa yhdeksän päivää. Ihmisiä tuli sinne kaikkialta Euroopasta tapaamaan Äitiä. Monia perheitä tuli ja paikalla oli useita lapsia. Pieni halli, joka oli valmisteltu Äidin darshania varten oli täpötäynnä iloisia ja innostuneita ihmisiä. Monet tanssivat ja lauloivat Äidin läsnäollessa kuin olisivat olleet seitsemännessä taivaassa. Koska ihmisiä oli saapunut kaikkialta Euroopasta, Äidin satsangit käännettiin englanniksi, saksaksi ja ranskaksi.

Ilma oli alpeilla vielä kylmempää kuin Zürichissä. Intialaiset seuraajat ja brahmacharit liikkuivat ympäriinsä hampaat kalisten huolimatta villamyssyistä ja monista lämpimistä, paksuista vaatekerroksista.

Ihmeistä

Aamudarshanin aikana esitettiin muutamia kysymyksiä:
"Amma, voisitko kertoa jotakin ihmeistä? Mitä ihme täsmällisesti sanottuna tarkoittaa?"

Äiti: "Ihmeiden tekemisen ajatellaan kuuluvan pyhimyksille. Yleisesti uskotaan, että vain jumalallinen olento voi tehdä ihmeen ja että ihmeet kuuluvat olennaisesti sellaisen sielun toimintaan. Ihmiset uskovat jopa, että jos joku ei tee ihmeitä, hän ei voi olla suuri sielu. Vaikka tosiasiassa hän kuitenkin saattaa olla Itseoivalluksen saavuttanut. Meidän ihmeenä pitämiämme asioita saattaa todella tapahtua suurten sielujen läheisyydessä - tai sitten ei - koska he eivät piittaa kovinkaan paljon sellaisesta. He eivät voita eivätkä häviä mitään ihmeitä tekemällä. He eivät piittaa nimestä tai kuuluisuudesta, eivätkä halua miellyttää tai olla miellyttämättä ketään. Jos ihme tapahtuu, hyvä niin, ellei, sekin on hyvä. Nykypäivänä ihmisten usko Jumalaan on tullut riippuvaiseksi Itsen oivaltaneen mestarin tai pyhimyksen tekemistä ihmeistä. Ikävä kyllä on olemassa myös niin kutsuttuja guruja, joiden ainoa pyrkimys on ihmisten hyväksikäyttäminen ja heidän hallitsemisensa. He haluavat vetää ihmisten huomion puoleensa tekemällä kaikenlaisia ihmeitä julkisesti.

Mielen täydellinen hallitseminen on samaa kuin maailmankaikkeuden hallitseminen. Kaikki luomakunnassa on tehty viidestä alkuaineesta: tulesta, vedestä, maasta, ilmasta ja eetteristä. Saavutettuasi jumaloivalluksen hallitset kaikkia alkuaineita. Niistä tulee tottelevaisia palvelijoitasi. Jos haluat muuttaa jotakin vuoreksi, siitä tulee vuori, tai jos haluat luoda toisen maailman, myös se on mahdollista. Kyetäksesi siihen sinun ei tarvitse oikeastaan edes saavuttaa Itseoivalluksen lopullista tilaa. Voit saada tällaisen kyvyn jo ennen sitä.

Kun kykenet keskittymään johonkin viiden elementin tiettyyn ominaisuuteen täydellisesti, sulkien kaiken muun pois, ja kykenet pysyttelemään tuolla tavoin keskittyneenä erottaen keskittymisesi kohteen sen sisäisestä perusolemuksesta, silloin tulet tietämään

143

kaikkien asioiden perusolemuksen ja kykenet hallitsemaan niitä. Voit kehittää *siddhejä* (yliluonnollisia voimia), joiden avulla kykenet esimerkiksi lukemaan ihmisten mieliä, näkemään ja kuulemaan kaukaisia tapahtumia. Voit materialisoida esineitä ja tietää kaiken menneestä ja tulevasta. Voit ymmärtää mitä tahansa vierasta kieltä, myös eläinten kieltä. Voit tehdä itsestäsi höyhenenkevyen tai painavan kuin vuori ja liikkua ilmojen halki millaisella nopeudella tahansa ja minne tahansa. Intialaisessa tarustossa on kertomus pyhimyksestä, nimeltä Viswamithra. Ennen pyhimykseksi tuloaan Viswamithra oli kuningas. Kerran hän meni metsäs-tysretkelle suuren sotilasjoukon kanssa. Metsästyksen päätyttyä kaikki olivat väsyneitä ja tarvitsivat lepoa. Kuningas muisti, että suurella pyhimyksellä Vasisthalla, oli erakkomaja lähistöllä ja niinpä hän johti joukkonsa sinne. Vasisthalla oli jumalallinen Nandini-niminen lehmä, joka pystyi täyttämään pyhimyksen kaikki toiveet. Niinpä kun kuningas Viswamithra saapui armeijoineen erak-komajalle, Vasistha onnistui lyhyessä ajassa palvelemaan heitä kaikkia ja tarjoamaan heille juhla-aterian kaikki toiveet täyttävän lehmän avulla. Viswamithra oli ällistynyt lehmän kyvyistä. Hän ajatteli itsekseen, että sellaisen kallisarvoisen otuksen tulisi kuulua maan kuninkaalle, hänelle itselleen, eikä maailmasta luopuneelle pyhimykselle, jolla ei ollut mitään tarpeita. Hän ilmaisi ajatuksensa pyhimykselle, joka välittömästi antoi kuninkaalle luvan ottaa lehmän. Mutta kuninkaan yrittäessä viedä lehmän, se pani vastaan. Se ei liikahtanut tuumaakaan paikaltaan. Kaikki kuninkaan yritykset viedä lehmä palatsiin epäonnistuivat. Kuningas hurjistui ja yritti sotilaidensa avulla viedä lehmän väkisin. Mutta Nandini vastasi samalla mitalla, se loi kehostaan ulos tuhansia sotilaita täysin varustein. Seurasi taistelu missä Nandinin sotilaat voittivat kuninkaan armeijan. Kuninkaan ymmärtäessä, että lehmän voimat olivat peräisin suuresta pyhimyksestä hän raivostuneena kääntyi taistelemaan pyhimystä itseään vastaan. Kuningas suuntasi nuolisateen ja muita voimallisia ohjuksia Vasisthaa vastaan, mutta pyhimys pysyi liikkumattomana. Säteilevästi hymyillen pyhimys seisoi kuin maahan juurtuneena *yogadanda* (joogin sauva) kädessään. Vasisthan mielessä ei ollut vihan, kaunan tai katkeruuden häivääkään, koska hän oli aito pyhimys, joka oli egon ja kaikkien kielteisten tunteiden tuolla puolen. Kaikki kuninkaan mahtavat aseet osoittautuivat tehottomiksi hänen yksinkertaisen puusauvan edessä. Kuningas lyötiin nopeasti ja riisuttiin aseista. Kuningas tunsi syvää nöyryytystä. Hän oli ällistynyt siitä tosiasiasta, että vaikka hän oli aikansa mahtavin kuningas, hänen uljas armeijansa kaikkine aseineen ei voinut mitään Vasisthan kaltaiselle suurelle pyhimykselle, jolla oli ankarilla tapasharjoituksilla (itsekuriharjoituksilla) saavutetut valtavat henkiset voimat. Kuningas palasi palatsiin raivosta kiehuen. Hän luopui kruunusta ja vetäytyi metsään harjoittamaan ankaraa *tapasia*. Hänen *tapasinsa* ainoana tarkoituksena oli kostaa pyhimykselle.

Tarinan mukaan Viswamithran harjoitti ankaraa *tapasia* ja palasi takaisin maailmaan kostaakseen Va-sisthalle. Kuitenkin aina hänen yrittäessään hänen ponnistelut johtivat epäonnistumiseen. Mutta hän jatkoi *tapasin* harjoittamista yhä uudestaan, jatkuvasti kiihdyttäen harjoituksiaan. Epäonnistumisistaan huolimatta hän ei koskaan lannistunut. Hän vain jatkoi tekemällä yhä enemmän henkisiä harjoituksia. Sitä mukaa hänelle kehittyi *siddhejä* (joogin voimia) jopa niin, että kerran hänen onnistui jopa luoda toinen taivas, ohikiitävien nautintojen taivas. Tämä kaikki vain Vasisthan takia. Viswamithra teki lukuisia ihmeitä, mutta hänen pakkomielinen viha pyhimystä kohtaan ja jatkuvat ihmeteot loivat ylitse-pääsemättömiä esteitä hänen tielleen.

Lopulta hänen elämänasenteensa kuitenkin muuttui ja lopulta hän saavutti Itseoivalluksen. Tämä tuli mahdolliseksi vasta sitten, kun hänen onnistui poistaa kaikki egon ja vihan tunteet ja hän pääsi vähäpätöisen 'minä ja minun' tuntojen tuolle puolen, kun hän luopui kostoajatuksistaan pyhimystä kohtaan ja oppi rakastamaan kaikkia tasapuolisesti, kun hän lakkasi käyttämästä voimiaan toisten vahingoksi ja alkoi sen sijaan käyttää niitä toisten hyväksi, jolloin niistä hyötyi koko maailma.

Tähän tarinaan liittyy kaksi piirrettä. Ensimmäinen osoittaa pyhimys Vasisthan aitouden. Hän oli Itsen oivaltanut mestari. Vaikka hänellä oli kaikki jumalalliset voimat käytettävissään, hänellä ei ollut egoa. Hänellä ei ollut pahoja ajatuksia Viswamithraa kohtaan, vaikka tämä jatkuvasti hyökkäsi häntä vastaan ja loukkasi häntä. Pyhät eepokset itse asiassa kertovat, että Vasistha ylisti tuon tuostakin Viswamitran päättäväisyyttä ja suuruutta kaikista tämän häneen kohdistamistaan nöyryytyksistä huolimatta. Ennen kaikkea näiden kahden miehen välillä oli suuri ero. Siinä missä Vasistha säilytti täydellisesti henkisen tasapainon kaikissa tilanteissa, Viswamithran viha oli raivoisaa saavutuksistaan huolimatta. Viswamithra teki tiukkoja itsekuriharjoituksia ja saavutti mahtavat henkiset voimat. Hän pystyi tekemään suurenmoisia ihmeitä, mutta niitä tekemällä hän menetti kaikki *tapasin* avulla hankki-mansa voimat. Myös hänen Vasisthaa kohtaan tuntemansa kostonhimo piti häntä jatkuvasti kiihtymyksen vallassa. Sen vuoksi kesti kauan ennen kuin hän saavutti lopullisen vapautuksen, joka vastasi hänen *tapasiensa* intensiivisyyttä. Sitä vastoin Vasistha oli aina autuuden tilassa ja rauhallinen. Ja vaikka hänkin käytti jumalallisia voimiaan, hän ei kadottanut niistä mitään, koska hän käytti niitä vain tilanteen niin vaatiessa. Vasistha oli *purnam* (täydellinen). Hän oli yhtä kosmisen voiman kanssa. Hänen henkinen voimansa oli ehtymätön ja samanaikaisesti hänellä ei ollut egoa.

Nandini, jumalallinen lehmä, joka kykeni täyt-tämään minkä toiveen tahansa, edustaa maallista vaurautta *(ashtaiswarya)*. Se tarkoittaa, että kun olet saavuttanut Itseoivalluksen, koko maailma kaikkine rikkauksineen palvelee sinua, mutta kun olet kaikkien halujen yläpuolella, sinä käytät tuota maallista vaurautta koko yhteiskunnan hyväksi ja sen kohottamiseksi.

Ihmisellä saattaa olla ihmeellisiä kykyjä, mutta niin kauan kuin ego ja 'minä' ja 'minun' tunnot pitävät häntä otteessaan, noista voimista ei ole hyötyä, koska hänen oma perusluontonsa pysyy muuttumattomana, ja hän ei itse kykene muuttamaan ketään toista. Sellainen ihminen ei voi opastaa ketään tiellä jumaluuteen.

Voimaansa väärin käyttävä henkilö voi olla vain tuhoisa ja vahingoittaa yhteiskuntaa. Käyttämällä voimiaan luonnonlakeja vastaan hän väistämättä kulkea kohti omaa tuhoaan. Tosiasiassa ihmeteot häiritsevät luonnonlakeja. Tottakai Itsen oivaltanut on vapaa tekemään niitä, koska hän on yhtä kosmisen voiman kanssa, mutta hän toimii niin vain, jos se on aivan välttämätöntä. Mieluummin hän kuitenkin pidättäytyy niin pitkään kuin mahdollista.

Ollessaan korkeimmassa meditaation tilassa, kun heidän mielensä olivat yhtä universaalin energian kanssa, *rishit* (muinaisuuden näkijät) näkivät mantrat, puhtaat jumalalliset värähtelyt, jotka ovat maailmankaikkeuden perusprinsiippejä. Rishit toivat nämä periaatteet näkyville kohottamaan yhteiskuntaa ja hyödyttämään ihmisiä. Kun hallitus antaa maalle hallintoviranomaisten avulla laaditun perustuslain, hallituksen on itse myös noudatettava säätämiään lakeja ja säännöksiä. Samalla tavoin rishien täytyy noudattaa niitä perusperiaatteita, jotka he ovat tuoneet esille. He eivät riko niitä vaan ovat esimerkkinä ihmisille.

Hindulaiset eepokset kuten *Ramayana, Ma-habharata* ja *Srimad Bhagavatam* sisältävät kertomuksia mo-nista suuria voimia hallinneista kuninkaista, demoneista, puolijumalista ja vääristä mestareista, jotka aiheuttivat näillä voimillaan vain vahinkoa toisille. Vaikka he eivät olleet Itsen oivaltaneita, vaan mitä voimallisimmin egoonsa takertuneita, heillä oli kuitenkin tiettyjä voimia. He joutuivat näiden hallussaan olevien voimien vuoksi täydellisesti egonsa harhauttamiksi. He olivat kiroukseksi ihmis-kunnalle. Ja loppujen lopuksi he itse alkoivat surra ja kukistuivat. Ihmisillä saattaa siis olla yliluonnollisia voimia ilman, että he olisivat oivaltaneet Itsen.

Henkisyyttä ei ole tarkoitettu egon ruokkimiseen. Päinvastoin, henkisyys vapauttaa egosta. Se opettaa sinua menemään egon tuolle puolen. Kuka tahansa voi kehittää yliluonnollisia voimia suorittamalla tietynlaisia pyhissä kirjoissa määrättyjä harjoituksia. Todellinen henkinen oivaltaminen on kuitenkin kaukana tuollaisten asioiden tuolla puolen. Se on tila, missä olet täydellisesti vapaa kaikista kehon, mielen ja älyn kahleista. Se on sisäinen kokemus korkeimmasta totuudesta. Sitten kun tämä viimeinen kohta on saavutettu, ei enää voi hautoa minkäänlaisia kielteisiä tunteita, sellaisia kuten vihaa, kaunaa tai kostonhimoa. Tuossa tilassa asut jumalallisessa rakkaudessa ja rauhassa riippumatta ulkoisista olosuhteista. Olitpa missä tahansa, säteilet tuota rakkautta ja rauhaa kaikkia kohtaan. Sinun rakkautesi, myö-tätuntosi ja tyyneytesi muuttaa ihmisiä paremmiksi. Valaistunut voi tehdä tietämättömästä viisaan, muuttaa kuolevaiset kuolemattomiksi ja ihmisen jumalaksi. Tämä on todellinen ihme, joka tapahtuu suuren sielun läsnäolossa.

Egon tuolle puolen kohoaminen merkitsee maailmankaikkeuden kanssa yhdeksi tulemista. Sinusta tulee yhtä laaja kuin maailmankaikkeus. Sukellat syvälle sen salaisiin mysteereihin ja oivallat perimmäisen todellisuuden. Sinusta tulee maailmankaikkeuden Herra.

Itseoivalluksen saavuttaneen mestarin lähei-syydessä ihmeitä saattaa tapahtua spontaanisti. Se on yksinkertaisesti heidän olemuksensa luonnollista ilmausta. Kun Itseoivaltanut tekee *sankalpan* (päätöksen) sen täytyy ilmetä. Mitä tahansa hän ajatteleekin heltymättömästi, toteutuu. Jos hän toivoo niin, hän voi päätöksellään muuttaa minkä tahansa miksi tahansa hän haluaa."

Kysymys: "Amma, sanot, että *rishit* näkivät mantrat. Mitä tämä tarkoittaa? Eivätkö he luoneet mantrat?"

Äiti: "Ei, mantrat ovat olleet aina olemassa. Ne ovat olemassa ikuisina periaatteina. Niillä ei ole alkua eikä loppua. Niitä ei ole luotu, eikä niitä voida koskaan tuhota. Tämän takia vedoistakin on sanottu, että niillä ei ole alkua eikä loppua. Kukaan ei ole luonut niitä. Painettua tekstiä ei ole ollut aina, mutta jumalalliset värähtelyt eli mantrat, joista vedat ovat syntyneet, ovat olleet aina olemassa. Rishit ovat vain paljastaneet ne meille. Kun sanotaan, että he 'näkivät' ne, se tarkoittaa, että rishit kokivat vedat sydämessään, kun heidän koko olemuksensa oli yhtä olemassaolon Korkeimman tilan kanssa. He kokivat sen, mikä oli jo olemassa. Niinpä he eivät luoneet vedoja (mantra kartha)[17]; pikemminkin he näkivät ne tai kokivat ne (mantra drishta).[18] Kun astronautit laskeutuivat kuuhun, he eivät keksineet kuuta. He vain paljastivat meille tietoa siitä, mikä oli jo olemassa. He näkivät ja kokivat kuun ja siirsivät sen jälkeen meille näkemänsä kuvien ja sanojen avulla. Samalla tavoin on mantrojen laita."

Brahmacharit alkoivat laulaa *Radhe Govinda, Gopi Gopalaa* ja Amma ryhtyi johtamaan laulua:

Radhe Govinda, Gopi Gopalaa

Oi Radha,
lehmien jumala,
maitotyttö,
lehmipaimen,
lehmien jumala,
tervehdys Nandan pojalle.

Oi Radha
lehmien jumala,
maitotyttö,
karjapaimen.

Mira Bain Herra,
huilua soittava paimenpoika,
joka nosti ylös Govardhana vuoren,
Gopala-poika,

---

[17] Mantrakartha on mantran luoja tai kirjoittaja. Sanskritin sana kartha tarkoittaa 'tekijää' tai 'alkuunpanijaa'. Rishit eivät ole mantrakarthoja.

[18] Mantradrishta on mantran oivaltaja. Sana dristha merkitsee 'näkijää' tai 'oivaltajaa'. Se on johdettu sanasta drish, mikä merkitsee 'nähdä'. Tämä viittaa siihen, että mantrat ovat olleet aina olemassa hienoimman värähtelyn tasolla ja rishit löysivät ne sieltä, mikä tarkoittaa, että he näkivät ne siellä. Joten rishit ovat mantradrishtoja.

Oi, Radha
lehmien jumala,
maitotyttö,
paimenpoika.

Kuuluvatko ihmeet asiaan?

Kysymys: "Amma, pitäisikö kannustaa ihmeisiin vai ovatko ne esteitä henkisellä polulla?"

Äiti: "Ihmeistä voi olla jotakin apua tavalliselle ihmiselle herättämään hänen uskonsa korkeimpaan voimaan. Mutta ainoastaan ihmeisiin perustuva usko voi myös kadota helposti, jos ihmeitä ei tapahdukaan.

Entäpä jos Jumala tai suuri sielu, joka on yhtä kaikkialla läsnäolevan, kaikkivoivan ja kaikkitietävän Jumalan kanssa päättääkin, ettei hän näytäkään odotettua ihmettä? Näin voi tapahtua, koska sellainen sielu ei ole mitään velkaa kenellekään eikä hän voita tai häviä mitään ihmeitä tekemällä. Jumalalle tai suurelle pyhimykselle ei ole merkitystä, uskovatko ihmiset häneen vai eivät. Hän ei tarvitse meidän uskoamme eikä meidän palveluksiamme, mutta me tarvitsemme hänen armoaan. Ja hänen armonsa voidaan saavuttaa vain uskon kautta.

Täydellinen mestari ei tarvitse meiltä mitään, sillä hän on täydellinen sellaisenaan. Me sensijaan tarvitsemme hänen armoaan puhdistuaksemme ja kohotaksemme. Meidän uskomme ei tulisi olla riippuvainen pelkästään ulkoisista ihmeistä. Usko uskon itsensä vuoksi ja rakkaus vain rakkauden itsensä vuoksi on tervein ja viisain lähestymistapa.

Meidän uskomme tulisi perustua sekä sydämeen että älyyn. Oikealle *sadhakalle* sekä antaumus että älyllinen tieto ovat tarpeellisia paitsi tietenkin, jos meillä on samanlainen rakkaus, täydellinen usko ja antaumus kuin Vrindavan Gopeilla. Vaikka heidän rakkautensa oli alussa sokeaa rakkautta, se kehittyi vähitellen *tatwattile bhaktiksi* (henkisyyden perusperiaatteiin pohjautuvaksi an-taumukseksi), mikä on *jnanaan* (tietoon) pohjautuvaa *bhaktia* (palvontaa).

Meidän pitäisi tuntea sekä rakkautta että kun-nioitusta Jumalaa tai täydellistä henkistä mestaria kohtaan. Sen tulisi olla sydämestä lähtevää rakkautta ja kunnioitusta, joka perustuu mestarin kaik-kialla läsnäolemisen, kaik-kivoipaisuuden ja kaikkitietävyyden ymmärtämiselle. Vain näin voimme vastaanottaa täyden hyödyn hänen läsnäolostaan. Rakkaus ja tieto yhdessä auttavat meitä täysin kokemaan Jumalan tai todellisen mestarin armon elämässämme.

Mutta tätä sisäistä kokemusta Jumalan autuaallisesta läsnäolosta ei voida kokea, jos ihmeet ovat meille pakkomielle. Ihmeillä on paikkansa, mutta meidän ei pitäisi antaa niille liian suurta merkitystä. Ihmisillä on taipumus takertua liikaa sellaisiin ilmiöihin. Kun niin tapahtuu, ihmiset kadottavat asioiden oikean perspektiivin ja ihmeistä tulee kaiken keskipiste.

Ihmisillä, joilla on liian paljon toiveita, on taipumus antaa liian suuri merkitys ihmeille. Heidän uskonsa on pinnallista. Ihmeitten runsaus luo lisää toiveita ihmisten mieliin ja tämä tuo mukanaan vain lisää surua ja kärsimystä.

Oikea henkisyys on kaikkien halujen ylittämistä, mielen ja ajatusten tuolle puolen menemistä. Tämä on se tila, mihin tosi et-sijä kaipaa. Aitoa etsijää tyydyttää vain mielen tuolla puolen oleva tila, eivätkä ihmeet auta pääsemään tuohon tilaan. Jos mikä niin ne ovat vain este sille, koska henkilö joka on kiintynyt ihmeisiin, on juuttunut mielen tasolle ja sen kiihokkeiden tyydyttämiseen. Ja tämä ei tietenkään ole lopullinen tila.

Kun henkinen etsijä edistyy *sadhanassaan*, hän saattaa kehittää henkisissä pyrkimyksissään ihmeitä luovia voimia. Siinä missä vä-hemmän vilpitön etsijä saattaa juuttua sellaisten voimien verkkoon, tosi etsijä, joka haluaa aidosti oivaltaa korkeimman totuuden, ei välitä sellaisista asioista vaan ylittää ne.

Ihmiset pitävät ainoina ihmeinä vain esineiden materialisointia ja sairauksien parantamista. Ne ovat tietenkin omalla tavallaan ihmeitä, mutta suurin ihme on kuitenkin ihmisen sisäinen muutos. Ihmiset eivät pidä todellisena ihmeenä sydämensä avautumista kor-keimmalla totuudelle. Jos he vain avaisivat sydämensä, he kokisivat todellisen ihmeen. He oivaltaisivat, että Jumalan armo on aina läsnä ja jopa, että he itse ovat Jumala, ja että ihmeitä tapahtuu kaiken aikaa. Luonnossa kaikki on suurenmoista ihmettä. Eikö ole ihme, että pieni lintu lentää halki avaran taivaan ja eikö ole ihme, että pikkuinen kala uiskentelee meren syvyyksissä. Valitettavasti ihmiset kuitenkin ajattelevat, että ihme olisi vasta, jos kala lentäisi halki taivaan. Ihmeillä on hyvin vähän tekemistä todellisen henkisyyden ja aidon uskonnollisuuden kanssa. Myöskään tietyn henkilön esittämien ihmeitten määrä ei ole mitta, jolla voi määritellä hänen jumalallisuutensa. Aito henkisyys löytyy vain mestarin välittämässä mittaamattomassa rakkaudessa ja sisäisessä rauhassa. Tosi henkisyys ilmenee puhtaana rakkautena ja täydellisenä tyyneytenä. Todellinen muutos saadaan aikaan vain rakkauden välityksellä. Epäitsekkään rakkauden ja puhtaan tiedon sopusointuinen yhdistelmä poistaa kaikki henkisyyttä koskevat harhakäsitykset.

Äidin sylissä

Äiti kutsui ihmisiä luokseen yksi toisensa jälkeen. Kun eräs mies tuli ja nojasi päätään Äitiä vasten, Äiti alkoi laulaa *Sri Krishna Sharanam Mama* -laulua.

Sri Krishna Sharanam Mama

Sri Krishna on minun turvani,
Sri Hari on minun turvani.
Kumarran maahan asti Sri Krishnaa,
jonka luonto on oleminen-tietoisuus-autuus,
joka on kaikkeuden luoja ja säilyttäjä
ja myös kaikkeuden hävittäjä
sekä kolmenlaisen kärsimyksen tuhoaja.

En tiedä muuta todellisuutta
kuin Sri Krishna,
joka pitelee huilua käsissään,
joka on kaunis kuin raikas sadepilvi,
joka pukeutuu keltaiseen viittaan,
jonka huulet ovat punaiset kuin aruna-bimba hedelmä,
jonka kasvot ovat ihanat kuin täysikuu
ja jonka silmät ovat soikeat kuin lootuksen terälehdet.

Sri Krishna, kuinka suloinen onkaan nimesi!
Oi Nandan poika, kuinka nimesi onkaan ihana!
Oi Vrindavan kuu, Krishnan nimi on sinullekin rakas.
Kaikki nämä nimet ovat rakkaita Sinulle.

Voitto Radha Govindalle,
voitto Radha Gopalalle,
Govinda, Govinda, Goparipal (lehmien suojelija)!
Jotkut sanovat Sinua Vasudevan pojaksi,
toiset kutsuvat Sinua Nandan pojaksi.

Yamuna-joen rantamilla
Krishna-lapsi soittaa huilua niin ihanasti.
Sri Krishna on nimi, joka on sinulle rakas.
Tanssia rakastavan nimi on rakas sinullei.
Pyhimysten suojelija on nimi, joka on rakas sinulle.

Yhtäkkiä Äiti vajosi haltiotilaan ja jatkoi laula-mistaan tässä tilassa vähintään kymmenen minuuttia. Hän kertasi kertaamistaan laulun säettä "Sri Krishna Sharanam Mama, Sri Hari Sharanam Mama..." Laulun päätyttyä Hän oli edelleen syvässä haltiotilassa ja tätä kesti toiset kymmenen minuuttia. Kun Äiti lopulta aukaisi silmänsä, sama mies joka oli vastaanottamassa darshania, oli yhä polvillaan nojaten Äitiin. Äiti taputti miestä hellästi olkapäälle merkiksi, että hän voisi nousta ylös, mutta mies ei liikahtanutkaan. Jälleen Äiti taputti hänen olkaansa, mutta tuloksetta. Äiti sanoi hänelle:

"Poikani nouse ylös." Mutta mitään ei tapahtunut. Äiti käytti nyt hiukan enemmän voimaa, nosti hieman hänen päätään ja kutsui äänekkääsi: "Poikani!" Silloin mies ponnahti pystyyn hätkähtäen. Näytti siltä kuin hän olisi juuri palannut jostain toisesta maailmasta. Mies hieroi silmiään ja katseli ympärilleen häm-mentyneenä. Kaikki ajattelivat ymmärtävänsä mitä hänelle oli tapahtunut. He olettivat, että hän oli vajonnut syvään uneen Äidin sylissä ja he nauroivat hyväntahtoisesti. Myös Äiti alkoi nauraa, mutta hetkeä myöhemmin nähdessään miehen viattoman ja avut-toman ilmeen Äiti otti häntä kädestä ja ohjasi istumaan lattialle tuolinsa viereen. Hellästi hän veti miehen pään uudelleen puoleensa. Nauru vaimeni vähitellen. Mies nousi istumaan ja Äiti jatkoi darshania.

Kun seuraava henkilö oli saamassa darshania, Äiti kääntyi Amritatman puoleen ja sanoi: "Hän oli autuuden tilassa!"

Vain muutamat saivat tietää mitä oli todella tapahtunut. Kun mies oli levännyt Äidin sylissä, hän oli alkanut laulaa. Minuutin tai kahden kuluttua mies oli yhtäkkiä kokenut, että Äidin syli oli alkanut laajeta ja kun Äidin syli oli laajentunut laajenemistaan miehen kokema autuus oli syventynyt ja voimistunut. Lopulta hän oli tuntenut uivansa autuuden valtameressä. Tässä tilassa hän oli ollut kunnes Äiti oli kutsunut häntä.

Itävalta

Aseta muut itsesi edelle

Äiti matkusti Sveitsistä junalla Itävaltaan, missä eräs nainen ni-meltään Christine Essen järjesti kaksi tilaisuutta. Yksi tilaisuus oli Grazissa ja toinen St. Poltenissa, joka on Wienin ja Linzin välillä sijaitseva pieni kaupunki. Itävalta oli kiertueen viimeinen paikka.

Matkustaessaan junassa brahmachareilla oli tilaisuus viettää jonkin aikaa Äidin kanssa. Jossakin vaiheessa Äiti sanoi heille: "Ihmiset kysyvät miksi heidän täytyy kokea ankaria koettelemuksia

elämässä. Miksi kaikista ihmisistä juuri heidän on kärsittävä. 'Miksi juuri minun?' kuuluu kysymys. He eivät näytä välittävän, jos se tapahtuu jollekin toiselle. Heidän suhtautumisensa on: 'Kärsiköön joku toinen, kunhan en minä.' Hylätkäämme sellainen suhtautuminen ja toivokaamme vilpittömästi, ettei kenenkään tässä maailmassa tarvitsisi kärsiä. Älkäämme ajatelko: 'Miksi minun täytyy', vaan ajatelkaamme mieluummin: 'Miksi kenenkään täytyy kärsiä.' Oppi-kaamme asettamaan muut itsemme edelle. Amma on kuullut seuraavan kertomuksen:
Pieni poika tuijotti ihastuneena juuri rakennettua kaunista kartanoa. Hänen seisoessaan rakennuksen edessä nuori mies tuli sieltä ulos. Poika kysyi häneltä: 'Kenelle tämä kaunis kartano mahtaa kuulua?' 'Se on minun', sanoi mies ja jatkoi: 'Minulla on veli, joka sattuu olemaan hyvin rikas. Hän rakensi sen minulle.' Kuultuaan tämän poika huudahti: 'Voi, jospa ... ', ja hän huokasi syvään. Mies saattoi helposti arvata mitä poika oli sanomaisillaan, nimittäin, että jospa hänelläkin olisi sellainen veli, joka... Mutta kun poika jatkoi puhettaan, mies hämmästyi siitä mitä tämä sanoi. 'Voi', sanoi poika, 'jospa vain minä olisin hänen kaltaisensa veli!'
Lapset, tällainen asenne tuo iloa elämäämme. Miksi kenenkään pitäisi kärsiä tässä maailmassa? Jos olette tarpeeksi hyväsydämisiä pannaksenne toiset itsenne edelle, tulette kokemaan rauhaa ja onnea. Mutta jotta tämä voisi toteutua, teidän täytyy päästä itsekeskeisyydestänne ja kulkea epäitsekkyyden tietä pitkin.
Ihmisillä on taipumus toivoa itselleen enemmän ja yhä enemmän. He eivät ole koskaan tyytyväisiä siihen mitä heillä on. Sen asemesta meidän tulisi oppia antamaan ja jakamaan. Meidän ei koskaan pitäisi olla pelkästään ottajia.
Meidän tulisi jakaa toisten kanssa mitä tahansa meillä onkin ja meidän pitäisi yrittää osaltamme edistää yhteiskunnan hyvinvointia tavalla tai toisella. Juuri antamisen kautta etenemme henkisellä polulla. Jos kasaamme varallisuutta, meidän henkinen kehityksemme tyrehtyy ja vähitellen elämämme näivettyy. Sydämen pumppaama veri kiertää ja jakaantuu tasaisesti kaikkialle kehoon.

Mitä tapahtuisi, jos verenkiertomme pysähtyisi? Lyyhistyisimme kasaan ja kuolisimme. Samalla tavoin meidän pitäisi antaa kiertää kaikki mitä meillä on ja jakaa se muiden kanssa. Meidän ei pitäisi kasata varallisuutta, koska tällöin yhteiskunta lamaantuu, eikä se voi kehittyä kokonaisuutena. Kun jaamme epäitsekkäästi, elämän kukka alkaa kukoistaa ja tuoksua."

Äidin omasta elämästä löytyy lukemattomia esimerkkejä epäitsekkäästä rakkaudesta ja myötätunnosta.

Varhaisina vuosina ashramin taloudellinen tilanne oli hyvin vaikea ja toisinaan asukkailla ei ollut edes tarpeeksi syötävää. Jokaisella oli vain yksi vaatekerta, ja kun he osallistuivat Äidin ohjelmiin ashramin ulkopuolella, he jakoivat keskenään muutamat kunnolliset saatavilla olevat vaatteet. Sitäpaitsi Äiti oli erityisen tarkka siitä, että ashramiin tulevat vierailijat saivat ruokaa. Vasta sen jälkeen kun kaikki vierailijat olivat saaneet asianmukaisen tarjoilun, saivat ashramin asukkaat syödäkseen. Koska he eivät tienneet etukäteen kuinka monta ihmistä saapuisi päivittäin ja koska rahaa oli niukasti, ruokaa ei useinkaan riittänyt ashramin asukkaille. Tällöin Äiti saattoi mennä pyytämään ruokaa naapureilta.

Eräänä päivänä naapuritalosta tuli nainen Äidin luo ja kertoi, että hänen tyttärensä vihkiäisistä oli sovittu. Koska nainen oli hyvin köyhä, hän pyysi Äidiltä apua. Vaikka ashram kamppaili rahavaikeuksissa, Äiti vakuutti, että hän auttaisi. Hän kutsui yhden brahmachareista luokseen ja pyysi häntä tuomaan tietyn laatikon Äidin huoneesta. Kun kyseinen laatikko tuotiin Äidille, Hän aukaisi sen ja otti siitä upouuden, kultaisen kaulaketjun, jonka joku oli hiljattain antanut Äidille.

Br. Ramakrishna (Swami Ramakrishnananda) istui Äidin vieressä ja ihmetteli mitä Äiti aikoi tehdä. Ilman epäröinnin häivääkään Äiti ojensi kaulaketjun naiselle. Ramakrishna järkyttyi, koska ashramilaiset itse olivat köyhiä. Siihen aikaan hän työskenteli pankissa ja tiesi tällaisen kaulaketjun arvon.

Kun nainen oli lähtenyt Br. Ramakrishna oli niin kiihdyksissä, ettei kyennyt hillitsemään itseään. Hän tuhahti Äidille: "Amma! Kuinka saatoit tehdä noin! Etkö sinä tiedä, kuinka arvokas kaulaketju oli? Minä olisin voinut viedä sen pankkiin sinun nimissäsi ja saada siitä melkoisen rahasumman! Sinun ei olisi pitänyt toimia tuolla tavalla!" Äiti vastasi: "Niinkö? Miksi et sanonut sitä aikaisemmin? Mene äkkiä hakemaan hänet takaisin!" Ramakrishna oli hyvin mielissään Äidin reaktiosta. Hän oli ylpeä itsestään, että oli pystynyt oikaisemaan Äidin erehdyksen. Hän juoksi naisen jälkeen, ja toi hänet takaisin Äidin luo. Nainen oli ilmeisen hämillään. Äiti osoitti Ramakrishnaa ja sanoi naiselle: "Tämä brahmachari sanoo, että Amman sinulle antama kaulakoru on erittäin arvokas."

Ramakrishna oli niin malttamaton, että oli juuri keskeyttämäisillään Äidin ja käskemäisillään naista antamaan kaulaketjun takaisin, kun Äiti kääntyi hänen puoleensa ja käski hänen olla hiljaa. Äiti jatkoi: "Koska tämä kultaketju on niin arvokas, niin mitä sitten teetkin sillä, älä panttaa sitä, äläkä myy sitä vähemmästä hinnasta kuin mikä sen arvo on. Pidä huoli, että saat siitä hyvän hinnan."

Ramakrishna yhtäkkiä häpesi itseään, sillä hän ei ollut ymmärtänyt Äidin myötätunnon syvyyttä.

Juna kulki eteenpäin toistaen "tsuk, tsuk, tsuk..." Junan ikkunan ulkopuolella aurinko alkoi laskea. Äiti pyysi brahmachareja laulamaan tavalliset iltabhajanit. Hän oli hyvin tarkka siitä, että brahmacharit tekivät päivittäiset henkiset harjoituksensa riippumatta siitä, missä he kulloinkin olivat. Hän sanoi usein, että sadhakan ei tulisi olla olosuhteiden orja, vaan hänen pitäisi olla kaikkien olosuhteiden herra.

Br. Srikumar otti harmonin sen esiin ja alkoi soittaa. Seuraavan puolentoistatunnin aikana he lauloivat useita lauluja. Yksi niistä oli *Orunalil Varumo.*

157

Orunalil Varumo

Oi ylimaallisen autuuden Äiti!
Etkö tulisi jonain päivänä sydämeni pyhäkköön,
ikuisesti palavan lamppusi kanssa!
Vain tämän vuoksihan tämä armonanoja
vaeltaa täällä ympäriinsä!
Oi Devi,
siunaisitko nyt minut?
Sydän sulaneena olen etsinyt
jumalallista Äitiä kaikkialta.
Oi Äiti,
lahjoita minulle armosi.

Hyväile minua pehmeillä käsilläsi.
Oi Äiti, anna minulle suojasi!
Olen murtunut ja lopen uupunut.
Tiedän, että asut minussa,
mutta milloin tulee oivalluksen päivä?

Bhajanien aikana Äiti liittyi lauluun ajoittain, mutta enimmäkseen Hän istui hiljaa katsellen ulos ikkunasta. Eräänä iltana Wienissä ei ollut ohjelmaa. Silloin Äiti meni yhdessä matkaseurueensa kanssa kävelylle. He vaelsivat pitkin maantietä puolen tunnin ajan, kunnes Äiti istuutui kauniin metsikön reunaan kasvot kohden laskevaa aurinkoa. Lämpötila oli vain 7 astetta. Ne muutamat ihmiset, jotka kulkivat heidän ohitseen, olivat pukeutuneet hyvin lämpimästi. Äidillä oli vain valkoinen sarinsa. Joku laittoi Hänen harteilleen villaisen huivin. Brahmachareilla ei ollut muuta kuin dhoti (Intiassa miesten perinteinen lanteille kietaistava vaate) ja puuvillapaita ja he palelivat kovasti. Nähdessään brahmacharien palelevan yhteen painautuneina, Äiti otti huivinsa ja kietoi sen rakastavasti heidän ympärilleen. Mutta kun Äidillä ei ollut mitään, mikä olisi suojellut häntä kylmältä, brahmacharit kieltäytyivät kohteliaasti sanoen: "Ei, Amma, sinun tulisi pitää se." Mutta Äiti kieltäytyi uudestaan. "Minä en tarvitse sitä", Hän sanoi ja vaati, että he pitäisivät sen. Äidin antama hartiahuivi oli heille hyvin arvokas ja niin he painautuivat uudestaan toisiaan vasten ja kietaisivat sen ympärilleen.

Brahmashakti

Heidän istuessa yhä yhteen painautuneina, hartiahuivin suojassa, Br. Ramakrishnan kysyi Äidiltä: "Amma, mitä merkitsee, kun sanotaan, että Paramatmanin (Korkein Itse) jumalallinen *sankalpa* (päätös) on kaikkialla? Voisitko ystävällisesti selittää?"

Äiti: *"Paramatmanin* sankalpa eli *Brahmashakti* (Brahman voima) on universumissa kaiken taustalla. Katsokaa tätä hämmästyttävää kosmosta ja miten harmonisesti meidän planeettamme ja kaikki muut planeetat toimivat. Kuinka meidän planeettamme ja muiden planeettojen toiminnoissa ilmenevä kauneus ja järjestys olisi mahdollista, ellei sen takana olisi kosminen äly, tai sanokaamme kaikkea hallitseva, universaalinen voima? Voimmeko kutsua sitä sattumaksi? Emme voi, koska sattumaa ei ole. Milloin tahansa, kun ilmenee ihmisen älylle selittämätöntä, heitämme asian mielestämme sanoen sitä sattumaksi. Ihminen joka toimii enemmän sydämestään käsin ei pidä mitään pelkkänä sattumana. Hän kutsuu sitä Jumalan voimaksi, Jumalan liilaksi (näytelmäksi) tai *sankalpaksi.*

Amma ei yritä kieltää tieteen arvoa ja vaikutusta. Tieteellä on oma *dharmansa* (velvollisuutensa). Täyttäköön tiede oman velvollisuutensa, mutta muistakaamme, että meillä inhimillisillä olennoilla, jotka yritämme elää jumalallisen tahdon mukaisessa sopusoinnussa, on oma *dharmamme*, jota meidän tulisi noudattaa. Meidän pitäisi elää sen mukaisesti ja kuunnella omantuntomme sisäistä kutsua.

Ego tai äly ei voi käsittää eikä edes hämärästi aavistaa maailmankaikkeutemme takana olevaa voimaa, suurta *sankalpaa.* Tiede vasta etsii kosmista älyä. Mutta elleivät tiedemiehet pysty luomaan tasapainoa tieteen ja henkisyyden välille, he eivät tule löytämään

159

elämän antavaa alkusyytä, joka on älyn saavuttamattomissa. Mikäli he haluavat ymmärtää sen, mikä sijaitsee ulkoisen maailmamme takana, on heidän alettava tutkia sisäistä maailmaa, jolle ei tavallisesti anneta mitään merkitystä.

Huilun kaunis melodia ei löydy huilusta, eikä soittajan sormenpäistä. Saatat sanoa, että se tulee säveltäjän sydämestä. Kuitenkin jos avaisit hänen sydämensä ja katsoisit sinne, et löytäisi sävelmää sieltäkään. Mikä on sitten tämän musiikin alkulähde? Sen lähde on tuonpuoleisessa. Se on lähtöisin *Brahmashaktista, Paramatmanista*, mutta ego ei kykene tunnistamaan tätä voimaa. Vain jos opit toimimaan sydämestä käsin, voit todella nähdä ja tuntea tämän jumalallisen voiman elämässäsi.

Jumalallinen *sankalpa* on kaiken takana. Se on kukkivan kukan, linnun viserryksen, tuulen liikkeen ja tulen liekkien takana. Se on voima, josta kaikki lähtee kas-vamaan. Se on voima, joka pitää kaikkea yllä. Jumalallinen päätös on syntymän, kasvun ja kaikkien elävien olentojen perustana oleva syy. Se on koko luomakunnan alkusyy. Juuri *Paramatmanin* voima pitää yllä koko maailmaa. Ilman sitä koko maailma lakkaisi olemasta."

Äiti kääntyi Amritatman puoleen ja pyysi, että tämä laulaisi *Kodanukodin:*

Kodanukodi

Oi ikuinen totuus!
Miljoonien vuosien ajan
ihmiskunta on etsinyt sinua.

Muinaiset viisaat luopuivat kaikesta
ja saadakseen Itsen virtaamaan,
meditaation kautta,
jumalalliseen virtaasi
he suorittivat loputtomien
vuosien ajan itsekuriharjoituksia.

Sinun ikuinen liekkisi,
kaikille ulottumattomissa,
loimuaa kuin auringon hehku.
Hirmumyrskyn julmassa tuulessakin
se pysyy täydellisen hiljaa ja värähtämättä.
Kukat ja köynnöskasvit,
pyhät huoneet ja temppelit
ja niiden äskettäin pystytetyt pyhät pilarit
ovat odottaneet sinua aikakausia
ja yhä sinä jäät saavuttamattomaksi.

Laulun jälkeen Äiti jatkoi:

"Tunnetteko kertomuksen siitä, kuinka Brahman ilmestyi *devojen* (taivaallisten olentojen) keskuuteen. *Brahmashakti* (absoluuttisen todellisuuden voima) auttoi *devoja* saavuttamaan voiton. Mutta devat ottivat siitä kunnian itselleen. He uskottelivat voittaneensa pelkästään oman suurenmoisuutensa ansiosta. Egonsa juovuttamina he iloitsivat ja juhlivat voittoa suureellisesti unohtaen Brahmanin. Kun Brahman sai tästä tiedon, hän ilmestyi heidän eteensä hurmaavan jumalhengen *yakshan* muo-dossa. Koska *devat* olivat täysin egonsa harhauttamia, he eivät pystyneet tunnistamaan Brahmania, joka oli todellinen syy heidän juhlimansa voiton takana.

Kun *yaksha* ilmestyi paikalle, niin Indra, korkein devoista lähetti tulen jumalan[19] (Agnin) ottamaan selvää kuka tämä *yaksha* oli. Kun tulen jumala lähestyi, *yaksha* kysyi häneltä, kuka hän oli ja mitä voimia hänellä oli.

Ylpeänä tulen jumala vastasi: 'Minä olen tulta hallitseva jumala. Maailmassa ei ole mitään mitä minä en voisi polttaa.'

Brahman, *yakshan* hahmossa, asetti tulen jumalan eteen yhden oljen ja pyysi tätä polttamaan sen.

Tulen jumala käytti kaiken mahtinsa saadakseen oljen syttymään, mutta yrittipä hän kuinka kovasti tahansa, hän ei pystynyt

---

[19] Hinduismissa suhtaudutaan kaikkiin luonnonvoimiin jumaluuksina, ja niitä palvotaan Korkeimman eri ominaisuuksina.

aiheuttamaan olkeen pienin-täkään palamisen merkkiä. Hän vetäytyi ja meni kertomaan Indralle, ettei ollut saanut selville kuka *yaksha* oli. Hän ei kuitenkaan sanonut mitään omasta epäonnistumisestaan, koska ego ei koskaan hyväksy tappiota.

Ego korostaessaan omien saavutustensa merkitystä se kieltäytyy myöntämästä omia epäonnistumisiaan. Tällainen on ihmisluonto. Ihmiset sanovat: 'Minä olen saavuttanut sitä ja tätä,' mutta harvemmin he sanovat: 'Minä epäonnistuin,' tai 'minä olen epäonnistunut sellaisella ja sellaisella elämän alueella.' Koska ihmisiltä puutuu nöyryys, he joutuvat egonsa harhauttamiksi ja juopuvat vallan ja varallisuuden ajatuksista. He eivät pysty näkemään kaikkiallista voimaa, Jumalan *sankalpaa* jokapäiväisissä saavutuksissaan enempää kuin epä-onnistumisissakaan. Jos kaikki on Jumalan *sankalpan* läpäisemää, niin myös meidän epäonnistumisemme ovat hänen *sankalpaansa*. Ihmiset eivät kuitenkaan näe hänen *sankalpaansa* missään. He uskovat, että koska tahansa kun he menestyvät se tulee heidän omasta voimastaan ja suuruudestaan. Epäonnistuessaan he sensijaan kieltäytyvät myöntämästä, että heillä olisi asian kanssa jotain tekemistä. Sen asemesta he syyttävät muita tai erilaisia tilanteita.

Kun Brahman tuli paikalle, tulen jumala ei pystynyt tunnistamaan häntä. Tämä on tyypillinen esimerkki egon toiminnasta. Ego on ylpeä omasta näennäisestä voimastaan ja oveluudestaan eikä piittaa kaikkiallisesta voimasta. Vaikka ylivertainen voima ilmestyy eteemme monenlaisissa muodoissa, me emme kykene tunnistamaan sitä. Kuinka tuli voisi polttaa, ellei *Paramatmanin shakti*, Korkein *Shakti* (Voima) - kaiken tulen takainen voima - ole läsnä? Tämän takia tulen jumalasta tuli voimaton ja lyöty.

Sitten Indra käski Vayua, ilman jumalaa, mene-mään hengen luo. Vayu teki niin, esitteli itsensä hengelle ja kerskui, että maailmassa ei ole mitään, mitä hän ei voisi puhaltaa menemään. *Yaksha* asetti oljenkorren Vayun eteen ja sanoi: 'Sinä uskottelet olevasi niin kovin voimakas, joten puhallapa tämä menemään!' Vayu puhalsi ja puhalsi kaikin voimin, mutta olki ei hievahtanutkaan.

Ego haluaa pöyhkeillä omalla tärkeydellään. Mutta kuinka ego voisi toimia ilman elämän voimaa, josta senkin voima on peräisin? *Agni* (tuli) ja *Vayu* (ilma) ovat vain hyvin pieniä tekijöitä, kaikkiallisen voiman pieniä pisteitä. Jos tuo kaikkiallinen energia vetäytyy pois niistä, ne menettävät voimansa. Toisin sanoen se on kosminen energia, joka toimii tulen ja ilman kautta, ja jota ilman niitä ei olisi olemassa.

Myös *Vayu* kieltäytyi hyväksymästä tappiotaan. Hän sanoi Indralle vain, että hänkään ei ollut pystynyt saamaan selville kuka *yaksha* oli.

Ihmiset ajattelevat, että heidän aistinsa (*devat*) ovat hyvin merkittäviä ja antavat niille suuren arvon. Mutta havaitessaan olevansa avuttomia jossakin tilanteessa ja tappion lyömiä, he kääntyvät avuttomina mielen tai älyn puoleen, joka on korkeampi ja hienoviritteisempi kuin aistit.

Nyt kaikki *devat* (jumalat) kokoontuivat ja pyysivät Indraa (mieli ja äly, aistien johtaja)[20] ottamaan selvää kuka *yaksha* oli. Mutta kun Indra jo hiukan nöyrtyneenä lähestyi *yakshaa*, henki katosi ja hänen paikallaan Indra näki loistavan Uma-jumalattaren. Indra kysyi häneltä: 'Kuka oli tuo kunnioitettava henki (*yaksha*)?'

Uma, kaikkiallinen Äiti sanoi Indralle: 'Hän oli *Brahma-shakti*, joka aikaansai voittosi. Minkä uskoit olleen oma voittosi, se oli itseasiassa hänen voittonsa. Se oli vain hänen kauttaan, että mikä tahansa kunniasi oli saavu-tettavissa.'

Niinpä, mitä tahansa saavutatkin elämässäsi, se ei ole sinun vaan Brahmanin saavutus. Paramatmanin *sankalpa* on sinun kaikkien voittojesi ja tappioittesi takana. Opi tunnistamaan se, sillä tuossa ymmärtämisessä on elämän todellinen menestys.

Kun yrität ymmärtää kosmista energiaa, Korkeinta Tietoisuutta, mielesi, aistiesi ja älysi avulla, tulet aina epäonnistumaan, vaikka et myöntäisikään sitä sellaisenaan, koska Atman tai Brahman on

---

[20] Indra edustaa aistien johtajaa eli mieltä. Indra sana on sukua sanalle 'indriya', mikä tarkoittaa 'aisteja'.

älyn tuolla puolen. Se on hienosyisempi kuin aistit, mieli ja äly - hienointakin hienosyisempi. Täydellinen kyvyttömyytesi ymmärtää synnyttää halun tuntea mikä tuo voima on. Avuttomuuden tilassa luovutat ja tämän seurauksena mielesi antautuu. Tämä antautuminen tuo 'rakastetun', mestarin luoksesi. Mestari auttaa sinua ja ohjaa sinut olemassaolon todelliselle lähteelle. Todellisuudessa tämä mestari on itse *Brahmashakti* (Jumalan voima). Muoto on olemassa niin kauan kuin samaistut kehoon ja mieleen. Ylittäessäsi samaistumisen kehoon ja mieleen koet mestarin äärettömän ja muotoa vailla olevan olemuspuolen.

Vedoissa sanotaan, että maailmankaikkeus ilmaan-tui *Paramatmanin* henkäyksestä. Tämä tarkoittaa, että elämän korkein periaate eli elinvoima toimii koko luomakunnassa. Silloin kun tuo voima vetäytyy itseensä, kaikki pysähtyy. Elämän todellinen tarkoitus on tunnistaa jumalallinen prinsiippi (*sankalpa*) kaikissa ajatuksissamme ja toimissamme, ja kaikilla elämän alueilla."

Äiti kääntyi Br. Srikumarin puoleen ja sanoi: "Ota harmoni esiin." Harmoni oli jätetty heidän maja-paikkaansa, mutta koska Srikumar aavisti, että jotain tällaista tapahtuisi, hän oli ottanut mukaansa pienen kosketinsoittimen. Hän näytti sitä Äidille, joka hyväksyi sen. Sitten Äiti lauloi Srikumarin säestämänä bhajanin nimeltä *Sokamitentinu Sandhye*:

Sokamitentinu Sandhye

Oi iltahämy, miksi olet niin surullinen?
Oletko myös sinä vaeltamassa muistojesi rantaan?
Oi punaisen sävyttämä iltarusko,
mahtaneeko surun tuli palaa sisälläsi?
Oi iltahämy, onko sinullakin Äiti niinkuin minulla?
Oletko nähnyt Äitiäni?
Hän säteilee kauneutta ja viileää puhtautta
kuin täysikuu.

Oi hämärä, jos näet Hänet,
pyydän, vie Hänelle tämän avuttoman lapsen viesti,
lapsen, joka ei osaa puhua.
Minua painaa mittaamaton suru,
jonka synnyttää ero Hänestä.

Oi iltahämy, ole ystävällinen,
ojenna nämä kukkien terälehdet Hänen
jalkojensa juureen,
ja vie minun pyyntöni Hänelle.
Kun palaat, kerron sinulle
menneen kevään suloiset muistoni.

Äiti lauloi vielä kaksi laulua. Toiset värisivät kylmästä, mutta Äitiä ei kylmä näyttänyt vaivaavan. Vaikutti kuin kylmä ilma ei olisi rohjennut tulla hänen lähelleen. Vähän myöhemmin Äiti nousi ja kaikki lähtivät hänen mukaansa.

Monta kertaa on tapahtunut, että Äiti on pyytänyt villasukkia tai jopa lämmitintä, kun on ollut hyvin kuuma, mutta kylmä ei näytä vaikuttavan häneen lainkaan. On mahdotonta ymmärtää Äitiä. Hänen menettelynsä on usein käsittämätöntä. Jopa hänen kehonsa on aivan toisenlaisten lakien alainen kuin tavallisen ihmisen keho. Äidin ensimmäinen maailmankiertue oli lähes-tymässä loppuaan. Hänen pyhien jalkojensa kosketus oli siunannut monen valtakunnan maata ja kukapa voisi sanoa mikä vaikutus sillä olisi näihin maihin tulevina vuosina. Äiti työskentelee eri tasoilla ja useimmat niistä ovat niin hienon hienoja, että me emme pysty alkuunkaan käsit-tämään sitä. Voimme nähdä vain jäävuoren huipun siitä mitä Äiti tekee tällä planeetalla.

Vuoden 1987 maailmankiertue oli vain alkua suuren sydänten valloittajan valloituksille. Tulevina vuosina Äiti palaisi länteen yhä uudestaan ja uudestaan, ja ohjaisi lukemattomia ihmisiä henkiselle polulle ja kokoaisi tällä polulla jo olevat armonsa siipien suojaan.

Äiti oli ollut vain muutamia päiviä kussakin paikassa kulkien niiden läpi kuin korkeimman rakkauden suloinen tuulenpyörre, joka jätti vanaveteensä luke-mattomia sydämiä, joissa heräsi uusi, outo sammumaton kaipuu henkiseen elämään, kaipuu tuntea Jumala. Yksikään Äidin tavannut ei pystynyt enää unohtamaan häntä. Ja ne joiden sydämet hän oli pyydystänyt jumalalliseen verkkoonsa, huomasivat alkavansa muuttua. Heidän kovat särmänsä alkoivat pehmetä. Äidin heille lahjoittaman mittaamattoman rakkauden seurauksena he alkoivat tuntea kanssaihmisiä kohtaan ennenkokematonta myötätuntoa.

Äiti oli muuttanut lukemattomien ihmisten tuskan iloksi, epätoivon toivoksi, sairauden terveydeksi, pelon rauhaksi, tarkoituksettomuuden tunteen uudistuneeksi uskoksi ja muutti välinpitämättömyyden rakkaudeksi ja myötätunnoksi. Hänen armonsa oli koskettanut ihmisten sydämiä.

Matkalla takaisin Intiaan Äiti ja hänen ryhmänsä tekivät välilaskun Malediiveilla. Moottorivene vei heidät lentokentän läheltä yhdelle saarista, missä he viipyivät yön yli. Ryhmä iloitsi tästä hyvin erikoisesta päivästä, tilaisuudesta saada olla Äidin kanssa. Äiti vietti suurimman osan päivää ulkona. Kaikki istuivat yhdessä rannalla meditoimassa ja laulamassa bhajaneja. Nealu laittoi sukelluslasit silmilleen ja sukelsi rantaveteen. Kun hän tuli pinnalle, hän kertoi innoissaan Äidille nähneensä monenlaisia värikkäitä kaloja. Äiti nousi ylös ja sanoi: "Tämä vanha mies haluaa aina huvittaa Ammaa ja tehdä hänet onnelliseksi! Hän löytää sille aina erilaisia toteu-tustapoja." Äiti katsoi alas kirkkaaseen veteen ja kun hän näki kalaparvia, hän alkoi huutaa hypellen ylös ja alas kuin innostunut lapsi. Yhtäkkiä Äiti pysähtyi ja vaati kuin lapsi, että hänelle tuotaisiin jotain, jolla hän voisi ruokkia kaloja. Nealulla sattui olemaan jäljellä pähkinöitä ja intialainen sekoitus. Ne hän antoi Äidille, joka ruokki kaloja kasvot ilossa kylpien. Kun Äiti seisoi tuijottaen alas vedessä olevia kirkasvärisiä meren eläviä, hän vajosi ekstaasiin. Hän istuutui veden äärelle ja vaipui *samadhiin*. Kaikki istuutuivat hänen

lähelleen. Kun Äiti lopulta palasi takaisin tuosta tilasta, hän lauloi
pehmeällä äänellä sanskritinkielisen hymnin, *Vidamsam vibhumin.*

Vidamsam vibhumi

Uudestaan ja uudestaan tervehdin Parabrahmania,
absoluuttista todellisuutta, joka on yksi ilman toista,
läpäisten kaiken tässä maailmankaikkeudessa,
joka on puhdas ja täydellisesti kaiken hyvän antaja,
ja kuitenkin se on kaikkien määritelmien ulottumattomissa,
ilmentymätön, neljäs ja korkein tietoisuuden tila.

Alkoi sataa ripotella. Äiti ei siirtynyt muualle, vaan jäi istumaan
meren rannalle.

Sisäisen lapsen herääminen

Br. Nealu käytti tilaisuutta hyväkseen ja esitti Äidille kysymyksen:
"Onko Itsenoivaltaneen tehtävä johtaa toiset päämäärään? Eikö se
ole tällaisen sielun velvollisuus? "

Äiti: " Velvollisuus on olemassa vain älyllisellä ja fyysisellä
tasolla. Päästyäsi tuolle puolen ja ymmärrettyäsi, että sinä et ole
mistään erillinen etkä myöskään persoona, vaan kokonaisuus - itse
kosminen energia - silloin ei ole ketään, ei myöskään kehoa, joka
tuntisi velvoitetta johonkin. *Satguru,* joka on yhtä kaiken olemassa-
olevan kanssa, ei ole mitään velkaa kenellekään. Hänellä ei ole min-
käänlaisia velvollisuuksia. Hänen elämänsä on hyvä ja täydellinen
sellaisenaan. Hän vain on olemassa suurena jumalallisena läsnäolona.
Onko ääretön avaruus velkaa kenellekään? Ovatko aurinko, tuuli tai
valtameret velkaa jotakin jollekulle? Ne vain ovat ja me hyödymme
niiden olemassaolosta. Tarvitsevatko suuret mestarit meiltä jotakin?
Me olemme niitä, jotka ovat kiitollisuudenvelassa heille kaikesta!

Emme kykene antamaan mitään niille, jotka ovat halukkaita
uhraamaan elämänsä maailman puolesta. Vain heidän armonsa
ansiosta me saatamme vastaanottaa jumaloivalluksen ainutlaatuisen

lahjan. Eikö sellainen mittaamaton lahja olekin paljon enemmän kuin kukaan saattaisi edes pyytää? Me voimme vain kumartua nöyrinä maahan heidän edessään ja olla suunnattoman kiitollisia siitä, että he ovat tulleet luoksemme tänne alas auttamaan ja kehittämään meissä äärimmäisen autuuden tilaa, jossa he itse asuvat ikuisesti.

Henkisen oppilaan ohjaaminen jumaloivaltamisen korkeaan päämäärään on kuin lapsen synnyttäminen ja sen kasvattaminen tunnollisesti. Tämä on ainoa tapa kuvata sitä. Satgurun läheisyydessä oleminen on kuin uudelleensyntymistä. Se on kuin toinen syntymä. Tähän mennessä olet kehittynyt vain ulkoisesti. Vain kehosi ja älysi ovat kehittyneet, mutta sen jälkeen kun tulet satgurun luo, alkaa sisäinen kehittyminen ja sinä kasvat kohti sielun (*Atmanin*) kokemusta. Ulkoisesti saatat olla aikuinen, mutta mestari opettaa sinua palaamaan lapseksi sisäisesti, takaisin lapsen kaltaisen viattomuuden tilaan. Mestarin tarkoitus on herättää sinussa uinuva lapsi.

Kun äiti ruokkii lasta rintamaidollaan ja antaa sille ravitsevaa ravintoa, ja kun hän antaa lapselle kaiken sen rakkauden ja lämmön mitä se tarvitsee, hän luo sellaiset olosuhteet, joissa lapsi pystyy kasvamaan ja kehittymään kunnollisesti. Aivan niinkuin äiti luo suotuisat olosuhteet lapsensa terveelle kehittymiselle, samalla tavoin oikea mestari luo suotuisat olosuhteet oppilaansa synnynnäisen viattomuuden heräämiselle ja kehittymiselle. Satgurun läsnäolo, hänen katseensa ja hänen kosketuksensa ovat sitä ruokaa mitä henkisen oppilaan uinuva sisäinen lapsi tarvitsee herätäkseen ja kehittyäkseen.

Ajattele äitisi sinulle lahjoittamaa suunnatonta rakkauden ja huolenpidon määrää ja kärsivällisyyttä, mikä hänellä on ollut auttaessaan sinua kasvamaan aikuiseksi, nuoreksi mieheksi tai naiseksi. Useimmat meistä ovat paljon velkaa omalle äidilleen henkisestä ja fyysisestä kehitty-misestään. Hän on pitänyt meistä huolta odottamatta vastapalvelua. Hän on tehnyt sen yksinkertaisesti lasta kohtaan tuntemastaan mittaamattomasta rakkaudesta.

Jos voit kuvitella äidin epäitsekkäästi ravitsemassa ja hoitamassa lastaan, voit saada aavistuksen siitä kuinka henkinen mestari kasvattaa oppilastaan, kuinka mestari auttaa häntä kasvamaan ulos egostaan ja tulemaan yhtä laajaksi kuin maailmankaikkeus. Tämä rinnastus äidistä kasvattamassa lastaan on vain esimerkki, mikä auttaa sinua ymmärtämään mestarin suurta tehtävää oppilaansa muuttamisessa, hänen muovatessaan oppilaastaan korkeimman voiman puhdasta astiaa. Todellisen mestarin täytyy olla yhtä kärsivällinen kuin maa. Voidaan sanoa, että mestari on tätä tehdessään rakastavampi ja myötä-tuntoisempi kuin Jumala itse. Amma tarkoittaa tällä, että me emme tiedä Jumalasta mitään, ainostaan ne erittäin epä-määräiset käsitykset, jotka olemme saaneet kertomuksista ja pyhistä kirjoituksista. Vain *satgurun* äärettömän myötä-tunnon avulla me voimme kokea Jumalan konkreettisella tavalla. Juuri satgurun läheisyydessä opimme tietämään, että Jumala on todella olemassa. Lähestyessään mestaria oppilas on kypsymätön, ruosteinen ja alkukantanen. Äärettömän rakastava mestari, jumalallinen alkemisti muuttaa oppilaan puhtaaksi 'kullaksi'. Mestarilla ei ole velvollisuutta tehdä näin. Hän voisi valitessaan yksinkertaisesti sulautua kaikkeuteen sanomatta koskaan sanaakaan. Mutta tämän sijasta hän antaa itsensä maailmalle. Hän uhraa itsensä pelkästä myö-tätunnosta pimeydessä vaeltavia kohtaan.

Eräs brahmacharini yritti pitää sateenvarjoa Äidin yllä, mutta Äiti ei hyväksynyt sitä. Hän sanoi: "Niin kauan kun Amman lapset ovat sateessa, ei hänkään halua sateenvarjoa." Mutta sitten alkoi sataa niin rankasti, että niin Äiti kuin muutkin vetäytyivät huoneisiinsa.

Jännittävä kosminen näytelmä

Tuona iltana, sateen tauottua, Äiti ja koko ryhmä meni laiturin päässä olevan olkikatoksen alle. Äiti lauloi useita henkisiä lauluja ja ryhmä lauloi kertosäkeet perinteen mukaisesti.

Täysikuu valaisi maan ja meren. Aallot kaikuivat ikuista Ommantraa. Äidin puhdas ääni ja hänen läsnäolonsa voima ja kauneus ylevöitti hänen lastensa sieluja ja loivat ilmapiiriin ainutlaatuisen henkisen hehkun. Hän lauloi *Samsara Dukha Samanam* -laulun:

Samsara Dukha Samanam

Oi maailman Äiti,
surun ja sielunvaelluksen karkoittaja.
Sinun siunattujen käsiesi suoja
on ainoa turvapaikkamme.

Sinä olet kadotettujen
ja sokeitten sielujen ainoa turvapaikka.
Sinun lootusjalkojesi muistaminen
varjelee meidät vaaroilta.

Harhaan johdetuille,
läpitunkemattomaan pimeyteen hukkuneille
Sinun nimesi ja olemuksesi mietiskely
on ainoa keino päästä tästä surkeasta tilasta.

Ihanat loistavat silmäsi
luokoon katseen mieleeni.
Oi Äiti, vain Sinun armosi avulla
voimme tavoittaa lootusjalkasi.

Seuraavana päivänä he palasivat pienellä moot-toriveneellä takaisin pääsaarelle. Päivä oli tuulinen. Kun vene suunnattiin merelle, myrsky puhkesi yllättäen ja meri muuttui äärettömän rauhattomaksi. Pieni vene heittelehti ylös ja alas kuin lelu laineilla. Ajoittain aallot olivat aivan jättimäisiä. Näytti ikään kuin ne syöksyisivät veneeseen. Kaikki olivat kauhuissaan. He käpertyivät veneen pohjalle vapisten pelosta. Useat aallot tulivat lähelle pais-kautuakseen veneeseen. He olivat varmoja, että vesi täyttäisi heidän pienen kulkuvälineensä millä hetkellä tahansa niin, että he hukkuisivat. Yhtäkkiä tuulen ja kohinan keskeltä kuului naurua. He katsoivat ylös ja näkivät, että se oli Äiti. Äiti nautti tilanteesta suun-nattomasti. Hän nauroi naura-mistaan ja hänen kasvoillaan oli iloitsevan lapsen ilme. Sillä hetkellä he ymmärsivät, että Äiti oli täysin peloton ja että elämän kaikki tilanteet olivat hänelle vain osa ihmeellistä kosmista näytelmää.

Kun he kuuntelivat Äidin autuaallista naurua, veneessä olijat rauhoittuivat. Pelko hävisi. Mitä syytä on pelätä, kun Itse maailmankaikkeuden Äiti istuu vierelläsi ylittäessä elämän valtamerta?

ॐ

Sanasto

ADVAITA: Filosofinen koulukunta, jonka mukaan ei-kaksinaisuus on korkein totuus ja että kaikki olemassa oleva on yhden ja ainoan Totuuden Ilmentymää.

ANUGRAHA: Jumalallinen armo.

ARATI: Kamferin polttaminen ja kellojen soittaminen pujan (jumalanpalveluksen) lopussa. Palaessaan kamferi ei jätä jälkeensä mitään, siten sen polttaminen symboloi egon täydellistä tuhoutumista.

ARJUNA: Krishnan serkku ja läheinen ystävä. Krishnan opetukset hänelle muodostavat Bhagavad-Gitan, joka on yksi hinduismin pää-asiallisista pyhistä kirjoituksista. Katso *Prasthana Traya*.

ASHTAISWARYAS: Kahdeksan aarretta tai jumalallista ominaisuutta.

ATMAJNANA: Itsen tuntemus. Itsen kokeminen. Itsen oivallus. Itseä koskeva tieto.

ATMAN: Todellinen Itse, sisäinen olemuksemme, joka on yhtä Brahmanin kanssa.

AVATAARA: Jumalallinen inkarnaatio.

BHAGAVAD-GITA: Jumalan laulu. Krishnan ja Arjunan välillä käyty keskustelu ennen Mahabharatan sotaa noin 5000 vuotta sitten. Yksi hinduismin tärkeimmistä pyhistä kirjoituksista. Katso *Prasthana Traya*.

BHAJAN: Antaumuksellinen laulu.

BRAHMACHARI: Gurun ohjauksessa ja selibaatissa elävä, henkistä itsekuria harjoittava oppilas. Naispuolisesta *brahmacharini*.

BRAHMAN: Absoluuttinen todellisuus, kokonaisuus, kaikkien nimien ja muotojen tuolla puolella oleva yksi ja jakamaton Korkein Voima, joka sulkee sisäänsä ja läpäisee kaiken. Absoluutti.

BRAHMA-SUTRAT: Tietäjä Vyasan kirjoittamat aforismit, joissa hän tekee yhteenvedon Upanishadien opetuksista. Yksi hinduismin kolmesta pää-asiallisesta kirjallisesta lähteestä. Katso *Prasthana Traya*.

BRAHMASHAKTI: Korkeimman totuuden voima. Korkein Voima.

DARSHAN: Pyhimyksen vastaanotto. Pyhän ihmisen tai Jumalan näkeminen.

DEVA: Jumaluus tai enkeli.

DEVI-BHAVA: Tilaisuus, jossa Amma ilmentää Jumalallista Äitiä.

DEVI MAHATMYAM: Muinainen teksti, joka ylistää jumalallista Äitiä.

DHARMA: *Dharmalla* on monta merkitystä: jumalalliset lait, eläminen jumalallisen sopusoinnun mukaisesti, oikeamielisyys, uskonnollisuus, hyveellisyys, velvollisuuden täyttäminen, vastuullisuus, hyvyys, oikeudenmukaisuus ja totuus. Dharma tarkoittaa uskonnon sisäistä periaatetta. Ihmisen tärkein *dharma* on oivaltaa Jumala.

DURGA SUKTAM: Mahanarayana-upanishadissa esiintyvä hymni, joka ylistää jumalallista Äitiä Durgaa.

GANESHA: Esteiden poistaja. Shivan poika, jolla on elefantin kasvot.

GRIHASTASHRAMI: Maailmassa elävä perheellinen henkilö, joka samanaikaisesti harjoittaa *sadhanaa* (henkisiä harjoituksia).

GURU: Opettaja tai henkinen mestari.

GURUKULA: Gurun ashram tai koti, joka toimii kouluna. Opiskelemalla ja palvelemalla mestaria oppilaat saavat vakaan perustan sekä henkiselle että maalliselle elämälleen.

JAPA: Mantran tai Jumalan nimen toistaminen. Sydämmen rukous.

JIVANMUKTA: Vapautunut sielu.

JIVANMUKTI: Vapautuminen (valaistuminen) vielä fyysisessä kehossa ollessa.

JIVATMAN: Yksilöllinen sielu.

JNANAYOGA: Tiedon tie. Tiedonjooga.

JNANI: Todellisuuden tuntija. Itsen oivaltanut.

KARMA KANDA: Vedojen osa. Määrittelee erilaisia velvollisuuksia, jotka tulee täyttää elämässä.

KARMAYOGA: Toiminnan tie. Epäitsekkään toiminnan jooga.

KATHA: Kertomus.

KAURAVAT: Krishnan serkkuja, jotka taistelivat Mahabharatan sodassa Pandavia vastaan. Symb. Pahuuden voimat.

KRISHNA: Yksi Vishnun (Jumalan) inkarnaatioista. Arjunan opettaja.

LIILA: Jumalallinen leikki tai näytelmä.

MAHABHARATA: Munaisintialainen eepos, jonka kirjoitti Vyasaniminen pyhimys. Se kuvaa Krishan serkkujen Pandavien ja Kauravien välisen perheriidan saurauksena syntynyttä tuhoisaa sotaa. Bhagavad Gita on Mahabharatan osa.

MAHATMA: Suuri sielu tai viisas.

MANTRASHAKTI: Mantraan sisältyvä voima, joka antaa tietyn tuloksen.

MAYA: Harha. Illuusio. Myös jumalallisen Äidin luova voima.

MOKSHA: Vapautuminen syntymän ja kuoleman kiertokulusta.

MUDRA: Pyhä käden asento, joka ilmentää mystistä, henkistä totuutta.

OJAS: Henkisistä harjoituksista ja selibaatista saatu henkinen energia.

PADA PUJA: Mestarin tai pyhimyksen jalkojen palvontarituaali. Siinä missä keho seisoo jalkojen varassa, guru seisoo totuuden varassa. Gurun jalat edustavat korkeinta totuutta, jota *pada pujassa* palvotaan.

PANDAVAT: Krishnan serkkuja, jotka taistelivat *Mahabharata* sodassa Kauravia vastaan. Symb. Hyvyyden voimat.

PARAMATMAN: Korkein Itse. Jumala.

PRASAD: Jumalanpalveluksen lopussa jaettava pyhitetty ruoka.

PRASTHANA TRAYA: Hinduismin kolme pää-asiallista kirjallista lähdettä: Brahma-Sutrat, Upanishadit ja Bhagavad Gita. Nämä puolestaan pohjautuvat muinaisiin Vedoihin.

PURNAM: Täydellinen tai kokonainen.

RAJASUYA YAGNA: Intian muinaisten kuninkaiden suorittama Veedinen uhraus.

RAMAYANA: Valmiki-nimisen viisaan kirjoittama eepos, joka kertoo Vishnun inkarnaation Raman elämästä.

RAVANA: Demonikuningas *Ramayana* tarinassa.

RISHIT: Muinaiset tietäjät, joille paljastettiin Juma-lallinen Tietous ja jotka välittivät sen edelleen oppilailleen.

SADHAKA: Henkinen etsijä.

SADHANA: Henkinen harjoitus.

SAMADHI: Syvä keskittynyt tila, jossa kaikki ajatukset lakkaavat ja mieli sulautuu Perimmäiseen Todellisuuteen.

SAMSARA: Syntymän, kuoleman, ja jälleensyntymän illusoorinen kehä.

SANKALPA: Jumalallinen päätös.

SANJAASI(NI): Askeetti, joka on antanut muodollisen lupauksen luopua maailmasta.

Perinteisesti sanjaasi pukeutuu okran väriseen asuun. Okra kuvaa kaikkien kiintymysten loppuun palamista. Naispuolisesta *sanjaasini*.

SARI: Intialaisten naisten käyttämä vaate.

SAT-CHIT-ANANDA: Korkein Todellisuus; abso-luuttinen Olemassaolo-Tietoisuus-Autuus.

SATGURU: Jumaloivalluksen saavuttanut henkinen mestari.

SHRADDHA: Huolellisuus, valppaus, luottamus, usko. Amman opetuksissa tämä sana tarkoittaa usein tark-kaavaisuutta.

SIDDHI: Yliluonnollinen kyky.

SITA: Raman puoliso.

SLOKA: Säe, jae.

SRI: Jumalallinen kauneus, valo ja rikkaus, yksi Lakshmin nimistä. Myös kunnioitettu ja arvostettu. Nimen edessä käytetty kunnioituksen osoitus (Vertaa en-glanninkielen 'Sir').

SRI RAMA: Yksi Vishnun (Jumalan) inkarnaatioista.

TANTRA: Filosofinen koulukunta, joka opettaa että kaikki luomakunnassa oleva on korkeimman totuuden ilmentymää ja sen tähden todellista.

TAPAS: Itsekuriharjoitukset, askeesi.

TATTVATILE BHAKTI: Palvontaa, joka perustuu henkiseen tietoon ja periaatteisiin.

UPANISHADIT: Vedojen viimeisimmät osat, jotka sisältävät opetuksen Itsen tuntemisen tieteestä. Ad-vaitafilosofia pohjautuu Upanishadien opetuksiin. Katso *Advaita.*

VASANA: Ehdollistumat, piilevät luonteen omi-naisuudet. Havaintojen ja tekojen jättämät vaikutteet, joilla on taipumus tulla esiin tietynlaisena käytöksenä ja tottumuksina.

VEDANTA: Vedojen «loppu», *Upanishadien* filosofia, joka osoittaa Tiedon tien.

VEDAT: Tieto, viisaus. Muinaiset kirjoitukset, jotka ovat hinduismin peruspilari. Vedat on jaettu neljään osaan: *Rig, Yajur, Sama* ja *Atharva.* Vedat muodostuvat sadas-tatuhannesta runomittaisesta säkeestä sekä proosasta. Vedojen vanhin osa on peräisin n. 6000 eKr. Vedat ovat maailman vanhimpia pyhiä kirjoituksia. Erityisesti Rig-vedan katsotaan olevan maailman vanhin pyhien kirjoitusten kokoelma. Vedoja pidetään Jumalan risheille suoraan antamina korkeimman totuuden ilmoituksina.

VINA: Muinaisintialainen jousisoitin.

YAAGA eli YAGNYA: Vedinen uhri tai rituaali.

YAKSHA: Maailmankaikkeuden hienosyisillä tasoilla oleileva henkiolento. Astraaliolento.

YOGADANDA: Joogin pitkässä meditaatiossa tukenaan käyttämä sauva.

YOGA-SUTRAT: Tietäjä Patanjalin filosofinen Raja-joogaa käsittelevä teos. Tunnetaan myös nimellä ashtanga-jooga.

YOGI: Henkiseen harjoitukseen antautunut ihminen, jonka päämääränä on Jumalalliseen lähteeseen tai Jumalaan sulautuminen.

YUGA: Aikakausi.

www.ingramcontent.com/pod-product-compliance
Lightning Source LLC
Chambersburg PA
CBHW061823040426

42447CB00012B/2786